01/11/2010

Lieber Konrad Ellerhorst

Es hat mich sehr gefreut, dass wir uns
noch langer Zeit wieder gefunden haben.
Anbei habe ich Dir die Biografie
von Georg Christian Nessler

alles Gute und vor allem Gesundheit

Dein Jochen

D1722183

Rulf Neigenfind

Die zwei Leben des Georg Christian Kessler

Die Geschichte eines berühmten Unbekannten

Neigenfind, Rulf:
Die zwei Leben des Georg Christian Kessler,
Die Geschichte eines berühmten Unbekannten.
Rulf Neigenfind. – Lane Books, Paris 2009

Gestaltung: Fahrenheit Communications SARL, Paris
Gesamtherstellung: Satzart Köbrich/Oettler, Plauen

© 2009 Rulf Neigenfind
© 2009 LANE BOOKS
ISBN: 978-2-9535498-1-2
Dépot légal: Novembre 2009

Alle Rechte vorbehalten.
Kein Teil dieses Buches darf ohne schriftliche
Genehmigung des Autors in irgendeiner Form
vervielfältigt, abgespeichert, übertragen oder mit
elektronischen oder digitalen Medien verbreitet
werden.

Erschienen bei LANE BOOKS
11, Rue du Bois de Boulogne
75016 Paris, Frankreich
Tel. +33 1 40 67 91 13
Fax +33 9 56 72 66 09
Mail mail@lanebooks.fr
Web www.lanebooks.info

Printed in Germany
Imprimé en Allemagne

Website *www.kessler-buch.info*

LANE BOOKS

À SOPHIE

GEORG CHRISTIAN KESSLER
Reproduktion des Gemäldes von Jean-Baptiste-Louis Germain, Reims (1825)

Inhalt

Vorwort

Der große französische Staatsmann Charles Maurice de Talleyrand
dekretierte einst: „Der Champagner ist der Wein der Zivilisation."
Womit er natürlich die Zivilisation *à la française* meinte. In der Tat verkörpert der schäumende Wein aus der Champagne seit mehr als zwei
Jahrhunderten auf der ganzen Welt ein – wenn nicht *das* – Symbol für
Lebensart, Raffinesse, Luxus und Prestige Frankreichs. Obwohl er schon
seit dem frühen 18. Jahrhundert im Ausland vermarktet wurde, begann
die glanzvolle Karriere des Champagners in Europa eigentlich erst richtig mit der politischen, wirtschaftlichen und kulturellen Dominanz
des Kontinents durch das revolutionäre und imperiale Frankreich.

Der Champagner steht unter anderem auch für die innige Beziehung
der Franzosen zum *Terroir*, ein nur in der französischen Sprache vorkom-
mender Begriff, der nicht nur für Grund und Boden, Landschaft und
Klima, sondern auch für Territorium, Geschichte und Brauchtum – kurz:
Zivilisation – steht. Umso bemerkenswerter ist, dass ausgerechnet dieses
so typisch französische Erzeugnis mit einer ziemlich hohen Dosis deutschen Einflusses angereichert ist. Der Champagner verdankt nämlich seinen weltweiten Erfolg in starkem Maße zahlreichen Einwanderern aus
deutschen Landen, die in den Jahren vor, während und nach der napoleonischen Epoche in die Champagne gekommen waren.

Man kann diese Champagner-Deutschen in zwei Gruppen aufteilen:
Die einen, die in der ganzen Welt bekannt sind, von denen jedoch kaum
jemand (mehr) ahnt, dass es sich dabei um Deutsche handelte. Das sind
die Bollingers, die Heidsiecks, die Krugs, die Kochs, die Mumms, die Roederers, die Deutzens, die Geldermanns. Diese prestigeträchtigen Namen
stehen heute für die berühmtesten Champagner. In Frankreich hat man

verdrängt, dass die Schöpfer dieser stolzen Marken deutscher Herkunft waren. Aber auch in Deutschland wissen das nur wenige; man hat sich hierzulande angewöhnt, die Markennamen französisch auszusprechen.

Die zweite Gruppe sind deutsche Einwanderer, die linksrheinisch in Vergessenheit geraten und auch rechtsrheinisch so gut wie unbekannt sind, obwohl sie einige der grundlegenden Kapitel der Erfolgsgeschichte des Champagners mitgeschrieben haben. Dazu gehören Persönlichkeiten wie Ludwig Bohne und Philipp Anton von Müller bei Veuve Clicquot-Ponsardin, Rudolf Schlumberger bei Ruinart oder Heinrich Jakob Geiger bei Moët & Chandon. Sie wirkten als Handelsvertreter, Kellermeister oder Verwalter entscheidend daran mit, den Champagner zu dem prominenten Produkt machen, das er heute ist – und dennoch verschwanden ihre Namen im Nebel der Geschichte. Auch Georg Christian Kessler, von dem dieses Buch handelt, ist einer dieser unbekannten Champagner-Deutschen. Doch sein Schicksal unterscheidet sich gründlich von dem seiner Landsleute im französischen Exil: Nachdem er Frankreich auf dem Höhepunkt eines außergewöhnlichen Aufstiegs den Rücken gekehrt hatte, gelang ihm in seiner deutschen Heimat eine zweite, ebenso erfolgreiche Karriere als Textilindustrieller und „Champagner"-Hersteller. In Frankreich bedeutet sein Name nichts mehr, er ist in den Archiven der Firma Veuve Clicquot-Ponsardin vergraben. In Deutschland lebt er jedoch noch heute in einer renommierten Marke fort. Und das 1826 von ihm gegründete Sekthaus Kessler in Esslingen am Neckar ist heute die älteste Sektkellerei Deutschlands.

Kesslers Lebenslauf und der seiner Landsleute in der Champagne sind Beispiele für die auch aus heutiger Sicht noch bemerkenswerte Tatsache, dass im frühen 19. Jahrhundert viele junge Deutsche ohne weiteres nach Frankreich auswandern konnten, von den Franzosen dort mit offenen Armen aufgenommen wurden und in hohe und höchste Stellungen aufsteigen konnten – trotz einer gemeinsamen Vergangenheit, die durch gegenseitiges Mißtrauen und eine tiefsitzende Feindseligkeit geprägt war.

Die gegenseitigen Ressentiments nehmen im Lauf der Geschichte immer wieder überhand, besonders in der Folge des bitteren Kriegs von 1870/71, auf dessen Trümmern das zweite Deutsche Reich begründet wurde. Nach den beiden weiteren Waffengängen 1914/18 und 1939/45 dauerte es bis ins Jahr 1963, bis mit den deutsch-französischen Verträgen die Freundschaft zwischen den beiden Nationen besiegelt wurde.

Begossen wurde die Vertragsunterzeichnung beim Festakt im *Élysée*-Palast selbstverständlich mit Champagner. Im Jahr davor hatte Bundeskanzler Konrad Adenauer den französischen Staatspräsidenten Charles de Gaulle zu einem Staatsbesuch in Deutschland empfangen. Beim Staatsempfang auf Schloss Brühl ließ er den von ihm selbst zum „offiziellen Sekt der Bundesregierung" gekürten *Kessler Hochgewächs* servieren. Da dieser Sekt seit mehr als anderthalb Jahrhunderten nach genau derselben Methode hergestellt wird, die Georg Christian Kessler einst aus der Champagne mitgebracht hatte, war es nicht verwunderlich, wenn vom General und seiner Delegation zu hören war, man habe keinen Unterschied zum Champagner feststellen können. Spätestens seit diesem historischen Moment darf auch der deutsche Sekt für sich in Anspruch nehmen, als „Wein der Zivilisation" zu gelten.

In den folgenden Kapiteln ist das faszinierende Leben des Gründers der Sektkellerei Kessler nachgezeichnet, der in Frankreich ein gemachter Mann war, wegen geschäftlicher Probleme und einer persönlichen Tragödie nach Deutschland zurückkehrte, dort nochmals ganz von vorne anfangen musste und in den anderthalb Jahrzehnten vor seinem Tod zu einem der erfolgreichsten Industriellen seines Heimatlandes aufstieg. Der Schwerpunkt dieses Berichts liegt auf Kesslers *erstem* Leben in Frankreich, das – im Gegensatz zu seinem *zweiten* Leben in der alten Heimat – bis jetzt nur lückenhaft dokumentiert war.   *R. N., Paris im Juli 2009*

Anmerkung des Autors: Bei den zahlreichen Zitaten aus historischen Quellen habe ich es unterlassen, sprachliche oder stilistische Verbesserungen vorzunehmen. Bei der oft befremdlich wirkenden und mit „Rechtschreibfehlern" durchsetzten Schreibweise dieser Zitate handelt es sich also keineswegs um übersehene Druckfehler, sondern um die damals übliche Art und Weise, Sprache zu Papier zu bringen.

Reims, im Dezember 1821

Im Zenit

Im Kalender der Weltgeschichte gibt es im Jahr 1821 nur einen einzigen bedeutenden Eintrag: den Tod Napoleons am 5. Mai. Für den vierunddreißigjährigen Georg Christian Kessler jedoch, der siebzehn Jahre zuvor in das Frankreich Napoleons ausgewandert war, sollte es das Jahr sein, in dem sich ein Traum erfüllte, den er bis dahin gar nicht zu träumen gewagt hatte. Dabei hatte er es in seinem Leben bisher schon weiter gebracht, als er je hätte ahnen können. Als Teilhaber und *Co-Directeur* eines der ersten Champagner-Häuser am Platz, der Firma Veuve Clicquot-Ponsardin & Cie, gehörte er zu den feinen Leuten der Stadt Reims. Auch privat lief es für ihn bestens: zwei Jahre zuvor hatte er in eine der angesehensten Familien seiner neuen Heimat eingeheiratet. Aus dem deutschen Georg war längst ein französischer Georges geworden, auch wenn er nach wie vor königlich-württembergischer Untertan blieb. Er beherrschte nicht nur die Sprache seiner neuen Heimat in Wort und Schrift und in all ihren Nuancen, er hatte auch ihre Sitten und Gebräuche längst verinnerlicht.

Für den ersten Samstag des Dezembers bittet die Witwe Barbe Nicole Clicquot ihren *Associé* Georges Kessler und dessen Ehefrau Marguerite Clémence zu sich nach Hause zum *Dîner* mit ihrer Tochter Clémentine und deren Gatten, dem Grafen Louis de Chevigné. An sich nichts Außergewöhnliches, denn schließlich ist Georges seit fast anderthalb Jahrzehnten einer der engsten Mitarbeiter der Witwe, wie sie seit dem frühen Tod ihres Mannes François respektvoll genannt wird. Und gerade in diesem Jahr 1821 war diese Zusammenarbeit enger denn je zuvor. Dafür gibt es mehrere Gründe, auf die wir noch zu sprechen kommen werden. Dennoch überrascht ihn diese Einladung und macht ihn vor allem deshalb nachdenklich, weil die Witwe Familie und Firma bislang streng auseinander gehalten hatte. Wie zu befürchten war, beherrscht der Schwiegersohn Louis die Unterhaltung des Abends. Er amüsiert mit seinen Geschichten die Damen, die mehr als einmal erröten, denn was er da erzählt, ist reichlich frivol. In ein paar Jahren wird er einige dieser Erzählungen unter dem Titel *Les contes rémois*[1] publizieren, mit großem Erfolg und sehr zur Verlegenheit von Ehefrau und Schwiegermutter. Georges aber scheint mit seinen Gedanken ganz woanders zu sein. Den ganzen Abend lang wird er das Gefühl nicht los, dass es mit diesem Abendessen im Kreise der Familie mehr auf sich hat. Und tatsächlich, als der Graf sich über das Dessert hermacht, nützt Barbe Nicole die Gelegenheit und ergreift das Wort. Was sie zu sagen hat, ist ein Schock für die Tischgäste.

In drei Jahren, so verkündet die Witwe, werde sie sich aus der Firma zurückziehen, und zwar vollständig und endgültig. Den Blick auf den verdutzten Georges Kessler gerichtet, fügt sie hinzu: „Und mein Nachfolger, mein verehrter Georges, werdet Ihr sein." Die Runde ist sprachlos; an diesem Abend wagt keiner, die Fragen zu stellen, die allen durch den Kopf gehen. Was, um Himmels willen, hat sie auf den Gedanken gebracht, aus der Firma ausscheiden zu wollen? Jetzt, wo das Geschäft so richtig floriert und die schlechten Zeiten endlich überwunden zu sein scheinen? In drei Jahren wird sie doch erst siebenundvierzig sein, viel zu jung für den

---

1 Die erste von mehr als einem Dutzend Ausgaben erschien 1836 bei Firmin-Didot, Paris.

Ruhestand und in so offensichtlichem Widerspruch zu ihrer überschäumenden Tatkraft. Dass sie den jungen Kessler zum Nachfolger bestimmt, ist weniger erstaunlich. Tochter und Schwiegersohn, das hatte die Witwe von Anfang an so bestimmt, kommen dafür nicht in Frage. Als Edelleute, so findet sie, haben die beiden in den Niederungen des gemeinen Geldverdienens nichts verloren. Gerade jetzt in der *Restauration*, in der die Würde der Aristokratie des *Ancien Régime* wieder hergestellt wurde, wäre das unziemlich. Außerdem hat keiner der beiden die geringste Ahnung davon, wie man Champagner herstellt, geschweige denn Geschäfte macht. Clémentine und ihr Louis sind zudem vollauf damit beschäftigt, das Geld auszugeben, mit dem die Witwe sie reichlich verwöhnt. Georges Kessler hingegen arbeitet seit vierzehn Jahren in der Firma. Neben Barbe Nicole Clicquot weiß keiner so gut Bescheid wie er. Den Geschäftspartnern von Veuve Clicquot-Ponsardin & Cie teilt sie in einem auf den 1. Dezember 1821 datierten Zirkular mit, dass „aufgrund der bedeutenden Verdienste des Herrn Kessler-Jobert ihm der ausschließliche Besitz unseres Handels am 20. Juli 1824 zufallen wird."

Das Erstaunlichste ist der Zeitpunkt dieser Ankündigung. Dieses Jahr 1821 war das bisher beste Jahr in der Firmengeschichte, Auftragsbuch und Kasse waren voll. Nach der enttäuschenden bis katastrophalen Dekade seit 1803, in der man mehr recht als schlecht über die Runden kam, liefen die Geschäfte seit 1814/15 Jahr für Jahr immer besser. Der Absatz hatte sich in dieser Zeit nahezu versiebenfacht, und mit rund zweihundertachtzigtausend verkauften Flaschen wurde im Jahr 1821 der Höchststand seit dem Einstieg der Clicquots ins Champagner-Geschäft vor zwanzig Jahren erreicht. Das hauptsächliche Problem war längst nicht mehr der Absatz der schäumenden Ware, sondern die Beschaffung von genügend Grundweinen in der erforderlichen Qualität. Dass die Weinernten in der Champagne in diesen Jahren besonders schwach waren, machte die Sache nicht einfacher. Um das ohnehin schon sehr beschränkte Angebot stand man noch dazu im Wettbewerb gegen eine Konkurrenz, die von einem knappen Dutzend auf mehr als fünfzig Champagner-Häuser angewachsen war. Die Witwe und Georges, seit 1810 als Prokurist und seit 1815 als Teilhaber auch für den Weineinkauf zuständig, sahen sich erstmals in einer für sie ungewohnten Lage: In absehbarer Zukunft würden sie die steigende Nachfrage nach ihrem feinen Champagner nicht mehr befriedigen können. Als erste Maßnahme beschlossen sie deshalb, die Lieferungen an die langjährigen Freunde des Hauses zu halbieren und keine neuen Kunden mehr anzunehmen. Für die Kunden bedauerlich, für das Haus Veuve Clicquot jedoch äußerst erfreulich, denn nach Adam Smith[2] lassen sich bei knappem Angebot und hoher Nachfrage bekanntlich höhere Preise erzielen als umgekehrt.

Selbstverständlich schlug sich das auch in den Büchern nieder. Der Gewinn des Unternehmens erhöhte sich drastisch. Schon 1819 erwarb die Witwe das alte Château Boursault, auf dessen Grund sie in wenigen Jahren ein neues, reichlich extravagantes Schloss im Renaissancestil bauen ließ. Der Kauf der Domäne Villers-en-Prayères und des Hôtel Le Vergeur, ihrer künftigen Stadtresidenz, war für 1822 geplant. Ohne Zweifel, die Witwe war in den letzten fünf Jahren eine sehr vermögende Frau geworden. Auch Georges konnte nicht klagen. Da er schon seit 1815 am Firmengewinn beteiligt war, hatte sich seine finanzielle Situation ebenfalls glänzend entwickelt. Er konnte nun ernsthaft an die Gründung einer Familie denken. Die Hochzeit mit Marguerite Clémence Jobert, einer Tochter aus bestem Hause, fand dann auch im Mai 1819 statt.

Das will nun nicht heißen, dass der immense Erfolg des Hauses Veuve Clicquot-Ponsardin & Cie allein auf das Konto Kesslers ginge. Das wäre übertrieben, denn das Haus hat seinen guten Ruf und die ausgezeichneten Geschäfte in erster Linie einem rührigen Handlungsreisenden namens Ludwig („Louis") Bohne zu verdanken. Dieser Mann, 1801 von Barbe

---

2 Der schottische Moralphilosoph Adam Smith (1723 – 1790) versuchte in seinem 1776 publizierten Werk *Wohlstand der Nationen* unter anderem, den Zusammenhang von Angebot, Nachfrage und Preis zu bestimmen.

Nicoles Ehemann François eingestellt, war seit 1805 an der Firma beteiligt und bereiste kreuz und quer den Kontinent. Er füllte jedoch nicht nur die Reimser Auftragsbücher mit Bestellungen, sondern beeinflusste auch den Gang der Geschäfte mit brieflichen Anregungen und Anweisungen. Unermüdlich baute er für die Firma der Witwe ein solides Netzwerk von Abnehmern im Ausland auf, besuchte Hunderte von Kunden – Händler, Depositäre, Gastronomen etc. – und antichambrierte an zahlreichen Fürstenhöfen. Ohne seinen Beitrag wären Haus und Marke Veuve Clicquot-Ponsardin mit Sicherheit nicht das geworden, was sie heute noch sind. Man kann sich nur wundern, weshalb diesem Mann in der offiziellen Firmengeschichte des Reimser Champagner-Hauses ein so relativ bescheidener Rang zugewiesen wird.

Georg Christian Kessler kommt allerdings noch schlechter weg; sein Anteil am Durchbruch und am Erfolg der Firma ist den heutigen Chronisten oft nur ein paar Fußnoten wert. Manche tun so, als ob die Witwe ihn aus einer puren Laune heraus zum Nachfolger und künftigen Besitzer der Firma Veuve Clicquot-Ponsardin bestimmtr hätte. Dass sie diese Entscheidung ganz unmissverständlich mit „bedeutenden Verdiensten" für die Firma begründete, wird sogar von jenen Biographen der Witwe übersehen, die das besagte Zirkular wörtlich zitieren. Es ist außerdem verwunderlich, dass gerade diejenigen, die Kessler für einen „Träumer" und seine Stellung im Unternehmen für kaum der Rede wert halten, ihm ganz allein die Verantwortung für unternehmerische Entscheidungen zuschieben, die von außerordentlich weittragender Bedeutung waren. Beschlüsse wie zum Beispiel eine Bank zu gründen oder wieder in die Textilfabrikation zu investieren. Entscheidungen, die wohl kaum von einem kleinen Angestellten gefällt werden konnten. Doch greifen wir auch hier nicht vor.

Was Madame Clicquot letztlich dazu bewogen hat, Kessler die Firma zu vermachen, ist nicht bekannt, man kann hier nur Vermutungen anstellen. Bei den Biographen findet man gleich mehrere davon: Eine erste besagt, dieses Vermächtnis habe der junge Mann seinem Charme zu verdanken, mit dem er Madame Clicquot um den Finger gewickelt habe. Wohl möglich, aber kaum wahrscheinlich. Denn 1821 kannten sich die Witwe und Georges bereits seit vierzehn Jahren. Selbst wenn die beiden eine Liebschaft hatten – woran keiner der Biographen zweifelt –, lag das bestimmt schon etliche Jahre zurück. Inzwischen war Georges ja auch glücklich verheiratet. Und in Barbe Nicoles Leben war längst ein anderer Mann getreten, der ihr Gefühlsleben in Wallung zu bringen verstand – ihr Schwiegersohn Louis de Chevigné. Doch das auch nur privat, denn in geschäftlichen Belangen war sie ihr Leben lang gänzlich unsentimental.

In einem anderen Lebensbericht wird vermutet, die beiden hätten in Trauer um den jeweiligen Ehepartner beieinander Trost gesucht, und in einer schwachen Stunde hätte die Witwe dann dem jungen Mann ihr Unternehmen versprochen. Das ist purer Unsinn, denn Georges' Frau Marguerite Clémence sitzt an jenem Dezemberabend 1821 quicklebendig mit am Tisch, und Barbe Nicoles Mann François ist schon seit über sechzehn Jahren tot. Glaubwürdiger klingt da schon eine dritte Annahme, wonach Barbe Nicole von ihrem gräflichen Schwiegersohn bedrängt wurde, sich aus dem gewöhnlichen Gewerbetreiben zurückzuziehen, um auf ihren Gütern und im Kreise der Familie die Sitten des Adelsstandes zu pflegen. Reich genug dafür war sie ja schließlich. Und wer hätte kein Verständnis dafür gehabt, wenn sie nach all den hektischen Jahren an der Spitze eines Unternehmens die für damalige Zeiten gänzlich ungebührliche Rolle der Geschäftsfrau aufgeben und an ihren angestammten Platz in Haushalt und Familie zurückkehren würde?

Auf den naheliegendsten Gedanken ist bis jetzt noch keiner der Biographen der Witwe gekommen. Könnte es nicht einfach so gewesen sein, dass sie Georges Kessler für die Nachfolge ausgewählt hat, weil es sonst niemanden von Format gab, der sie hätte antreten können? Ihre nunmehr gräfliche Tochter und ihr Schwiegersohn kamen ja nicht in Frage und hatten außerdem auch kein Interesse. Als erfahrene Geschäftsfrau fand sie es deshalb vielleicht richtig und vernünftig, die Firma eines Tages nicht irgendeinem Fremden, sondern ihrem langjährigen Teilhaber zu übergeben. Bleibt jedoch immer noch die Frage zu beantworten, warum ausgerechnet jetzt? Hierfür gibt es eine Antwort, die möglicherweise mehr ist als nur eine Vermutung. Im Oktober des Vorjahres war nämlich ihr Vater Nicolas Ponsardin verstorben. Er war der engste ihrer Vertrauten. Niemand in ihrer Umgebung hatte einen solchen Einfluss auf ihre unternehmerischen Entscheidungen ausgeübt wie der Baron, der ihr mit seinen Erfahrungen als Textilfabrikant und seinen Verbindungen als Bürgermeister von Reims eine unschätzbare Stütze war. Schon dieser Verlust traf die Witwe hart, persönlich natürlich, aber auch geschäftlich. Es sollte jedoch noch härter kommen.

Nur drei Monate nach dem Tod ihres Vaters, im Januar 1821, traf die erschütternde Nachricht in Reims ein, dass der treueste und sicherlich wertvollste ihrer Mitarbeiter, der Handlungsreisende und Mitgesellschafter Louis Bohne, kurz nach einem Unfall auf der Rheinbrücke zu Straßburg verstorben war. Der Verlust dieser beiden für sie so bedeutenden Männer[3] mag der Grund für den Entschluss der Witwe gewesen sein, sich aus dem Geschäft zurückzuziehen, diesen Rückzug frühzeitig bekannt zu geben und gleichzeitig den neuen Inhaber der Firma Veuve Clicquot-Ponsardin vorzustellen.

Und womöglich war ja auch Eile geboten. Zu diesem Zeitpunkt gab es nämlich überhaupt nur zwei Kandidaten, die für eine Nachfolge in Frage kamen: Georges Kessler und der geniale Kellermeister Antoine de Müller, der mit der Erfindung des Rüttelpults und des *Remuage*-Verfahrens die Champagnerherstellung entscheidend perfektionierte. Doch de Müller hatte im Juli dieses Jahres eine entfernte Verwandte von Barbe Nicole, Elisabeth Ruinart, geheiratet und seinen Abschied eingereicht, um sich im folgenden Jahr mit einer eigenen Champagnerproduktion selbständig zu machen. Der Urgroßvater seiner Braut, Nicolas Ruinart, hatte in Épernay 1729 das

---

3 Im Herbst 1819 war auch ihr Schwiegervater Philippe Clicquot, der ebenfalls eine wichtige Vertrauensperson und zudem mit einer sehr hohen Summe an ihrer Firma beteiligt war, gestorben.

erste Champagner-Haus der Welt gegründet, und ihr Großvater, der einst aus Lüttich eingewanderte Theodor van der Veken, 1757 das erste in Reims. Vor diesem familiären Hintergrund und bei dem magistralen Talent des Jungunternehmers standen die Chancen für die neue Firma also nicht schlecht. Für die Witwe aber war der Abgang Antoine de Müllers ein weiterer Schlag, und sie hatte wohl die dunkle Ahnung, dass es womöglich nicht der letzte gewesen sein könnte. Denn mit Sicherheit war Georges Kessler in de Müllers Pläne eingeweiht und hatte vielleicht sogar erwogen, ebenfalls zu kündigen und in dessen neue Firma einzusteigen. So ist nicht gänzlich von der Hand zu weisen, dass dieses so überraschende und so großzügige Angebot auch den schlichten Zweck gehabt haben könnte, Georges Kessler zum Bleiben zu bewegen. Damit sie nach ihrem Vater, Louis Bohne und nun Antoine de Müller nicht auch noch ihn verliert. Genaues wissen wir nicht. Tatsache ist, dass Georges Kessler der Witwe Clicquot noch ein gutes halbes Jahrzehnt lang treu blieb.

Heilbronn, im Juli 1801

Die frühen Jahre

Als Georg Christian am Sommermorgen des 1. Juli 1801 aufsteht, hat er in der Nacht kaum ein Auge zugetan, aufgewühlt vom Bangen über die bevorstehende Reise ins Rheinische, den unvermeidlichen Abschied vom Vater und den Geschwistern, das Ungewisse, das ihn in der Ferne erwartet. In wenigen Stunden wird er in der Postkutsche Richtung Frankfurt am Main sitzen und nicht nur die Familie und die Heimat, sondern auch seine Kindheit hinter sich lassen.

Am 30. März 1787 kam Georg Christian in Heilbronn als drittes Kind des Stadtgerichtsassessors, Organisten und späteren Heilbronner Stadtrats Johann Wilhelm Kessler und dessen Ehefrau Johanna Christine zur Welt. Kessler stammte aus dem thüringischen Walldorf an der Werra, wo er als Stadtrat und Hofkommissar des Fürstentums Sachsen-Meiningen ein angesehener und nicht unbedeutender Mann war. Doch als er im Jahr 1780 die Tochter des Schneidermeisters Johann Georg Balthasar Gesswein heiratete, beschloss er, sich für immer in der blühenden Reichsstadt am Neckar niederzulassen. Als Rechtskundiger, Organist und Schreibmeister am Heilbronner Gymnasium war er eine Personifizierung des aufstrebenden Bildungsbürgertums. Er veröffentlichte 1787 ein Brevier unter dem Titel *Lehrbuch der Kunst, schön und geschwind zu schreiben*[4], in dem es um die „Ästhetik der Schreibkunst" geht. Dieses Werk wird noch im 20. Jahrhundert in den Schriften der großen Typographen Jan Tschichold und Claudio Bonacini[5] zitiert. Wie wir später sehen werden, hat der Sohn die Leidenschaft des Vaters für das schöne Schreiben und das schön Geschriebene geerbt.

Musikalisches Talent hatte Vater Johann Wilhelm Kessler auch, und er demonstrierte es als Organist an der Hauptkirche und als Komponist, aber auch als Herausgeber des *Wirtembergischen vierstimmigen Choralbuchs*, das 1792 von Cotta in Stuttgart verlegt wurde. Über Kesslers strenges Vorwort bemerkte die *Jenaer Allgemeine Literatur-Zeitung*: „In der Vorerinnerung zu diesem Choralbuch wird [...] manche triftige Warnung den Vorstehern der Kirchenmusiken, und ihren Untergebenen ans Herz gelegt. Es wird gezeigt, welche Unvorsichtigkeiten die Prediger, von deren Willkür es gewöhnlich abhängt, die jedesmalige abzusingenden Melodien anzugeben, sehr oft in ungeschickter Wahl der Lieder begehen. [...] Nur hie und da sind einige Vorschläge mitunter beygebracht, welche etwas idealistisch klingen, wie z.B. gemeinen Leuten das Schreyen beym Gesang abzugewöhnen, und die Gemeinde auch wohl dahin zu bringen wäre, in einem und demselben Lied manchmal forte, manchmal piano zu singen." In der *Musikalischen Realzeitung* des legendären Musikverlegers Heinrich Philipp Boßler, der Werke von Mozart und Haydn als Erstdrucke veröffentlichte, wurden Aufsätze von Kessler abgedruckt. Aus einer Annonce in der ebenfalls von Boßler herausgegebenen *Musikalischen Korrespondenz der teutschen Filarmonischen Gesellschaft* des Jahres 1791 erfahren wir, dass man bei J. W. Kessler in

---

4 Dreiundzwanzig Jahre später, im Jahr 1810, wurde eine hundertdreiundzwanzig Paragraphen umfassende Neuauflage im Heilbronner Verlag von Johann Daniel Claß unter dem Titel *Vollständiges Lehrbuch der Schreibkunst, mit besonderer Anleitung zum Schön- und Geschwindschreiben* eine „durchaus umgearb. u. verb. Aufl. mit 18 neuen, in Kupfer gestochenen Vorschriften".

5 Jan Tschichold, *Schriften 1925-1974*, erschienen 1987; Claudio Bonacini, *Bibliografia delle arti scrittorie e della calligrafia*, erschienen 1953.

Heilbronn die „neuesten und besten Musikalien, welche in und außer Deutschlands herauskommen" käuflich erwerben kann. Herbert Mendels *Musikalisches Conversations Lexikon* von 1876 führt Kessler als „guten deutschen Musikschriftsteller und Componist" auf. Und schließlich ist in der 1867 von Firmin-Didot in Paris publizierten *Biographie universelle des musiciens* neben dem *Choralbuch* auch seine Komposition *Divertissements sociaux, ou six angloises pour le clavecin, avec leur choréographie* aus dem Jahr 1796 erwähnt.

In diesem kultivierten und vom Schöngeist erfüllten Elternhaus wuchsen Georg Christian und seine Geschwister Heinrich, Christine Luise und Johanna Friederike auf. Das Leben der Familie in der Fleinerstraße 16 war jedoch überschattet vom Tod der Mutter. Sie starb, als Georg Christian gerade elf Jahre alt war. Der vier Jahre ältere Bruder Heinrich ging bald nach Tübingen, um dort Kameralwissenschaften zu studieren. Er schloss sich dort dem Begründer der modernen Volkswirtschaftslehre, Friedrich List aus Reutlingen, an. Zusammen mit List und Eduard Schübler gründete und redigierte er den *Volksfreund aus Schwaben*, eine liberale Zeitschrift, die sich im Untertitel als „Vaterlands-Blatt für Sitte, Recht und Freiheit, hrsg. von einer Gesellschaft wahrheitsliebender Würtemberger" auswies und dementsprechend laufend Scherereien mit dem königlich-württembergischen Zensor hatte. Alle drei Gründer hatten denn auch einer nach dem anderen die Ehre, als politische Häftlinge in der Festung Hohenasperg[6] – wenn auch nur für kurze Zeit – eingesperrt zu werden. Das hinderte Kessler nicht daran, 1819 als Abgeordneter des Oberamts Öhringen in die Ständeversammlung des Königreichs Württemberg einzuziehen. Dort profilierte er sich in Fragen des Finanz- und Steuerwesens sowie des Presserechts und wirkte an der ersten Verfassung des Landes mit. Mit seinen 1818 publizierten Werken *Die Abgabenkunde* und *Eunomia*[7] schrieb er vielbeachtete, im Übrigen auch heute noch lesenswerte Standardwerke und

---

6   Wie die *Blätter für literarische Unterhaltung* (Brockhaus, 1851) in einem Artikel über Friedrich List berichteten.

7   Beide im Verlag von Heinrich Laupp in Tübingen erschienen.

machte sich damit einen Namen als Staatsrechtler und Volkswirtschaftler. Im Jahr 1821 kündigte er die neue Zeitschrift *Das Leben* an: „Alles, was das Leben bildet und kränzt, was dem rechtmäßigen Vortheil angehört und den Wohlstand betrifft, was den Menschen wie den Bürger in seinen allgemeineren Interessen berührt, soll dem sinnigen und verständigen Leser in diesen Blättern sich bescheiden darbieten". 1830 veröffentlichte er *Adelgund*, ein Trauerspiel in zwei Aufzügen „mit einer lyrischen Zugabe" – alles ziemlich ungewöhnlich für einen Mann, der sich hauptsächlich mit Staatsrecht und Steuerpolitik beschäftigte. Offenbar war auch sein Leben in großem Maße von der vom Vater geerbten musischen Begabung bestimmt.

Georg Christian hingegen verließ schon mit vierzehn Jahren das Gymnasium und verbaute sich so eine akademische Laufbahn. Wahrscheinlich war er, wie man heute sagen würde, „unterfordert", denn das auf nur noch fünf Klassen geschrumpfte reichsstädtische Gymnasium hatte seine besten Lehrer an besser besoldete Pfarrstellen verloren und konnte ihm deshalb längst nicht das bieten, was er von zu Hause gewohnt war. Kaum zu verstehen ist allerdings, weshalb der Vater ihn nach dem vorzeitigen Schulabbruch ausgerechnet zum Silberarbeiter ausbilden lassen wollte. Stammte diese Idee etwa von einem seiner Amtskollegen, dem extraordinären Stadtgerichtsassessor und Senator Carl Lang[8], der auch als Schriftsteller, Verleger, Zeichner und Kupferstecher von sich reden machte? Oder war er einfach nur verärgert, dass der Sohn ihm nicht gehorchen wollte und seine Schulbildung abbrach, obwohl er ihn eindringlich vor den Auswirkungen auf seinen beruflichen Werdegang gewarnt hatte?

Jedenfalls versuchte Georg Christian mit allen Mitteln, den Vater umzustimmen und seinen Wunsch durchzusetzen, den Kaufmannsberuf zu

---

8 Lang beschäftigte in der Tat Silberarbeiter in seinem etwas großspurig *Schwäbisches Industrie-Comptoir* genannten „Verlag für Kunst, Dichtung und Musik". Sie gravierten Karten, Pläne, Vignetten und stachen Portraits für seine Almanache. Dass er mit dieser Unternehmung jedoch bereits 1799 bankrott gegangen war und Frau und Kinder im Stich gelassen hatte, dürfte Vater Kessler nicht verborgen geblieben sein.

erlernen. Wer weiß, vielleicht war ihm ja das *Neue Handlungs-Lexikon in deutschen, französischen und italienischen Rubriken, für junge Kaufleute und Contoristen* in die Hände gefallen, das von einem guten Bekannten des Vaters, dem Heilbronner Verleger Claß, verlegt wurde. Aus seinem selbst verfassten Lebenslauf erfahren wir freilich, dass seine Berufswahl durch etwas ganz anderes motiviert war: „Mein Vater wollte einen Silberarbeiter aus mir machen, wozu ich umso weniger Lust hatte, als ich schwächlicher Konstitution war und von dem lebhaften Wunsche beseelt war, nach Frankreich zu gehen. [Er] willigte ein, mich meiner Neigung gemäß die Handlung erlernen zu lassen als denjenigen Stand, durch welchen mein Wunsch Frankreich zu sehen, am leichtesten befriedigt werden konnte." Schon als Junge hatte er also seinen Blick nach Frankreich gerichtet, wo er dann später tatsächlich fast zwei Jahrzehnte verbringen und eine stürmische Karriere machen wird.

Woher kam dieses frühe Interesse am Nachbarland? War ihm dieses Frankreich schon in so jungen Jahren bewusst als „eins der mächtigsten Europäischen Reiche, welches [...] eine höchst geistvolle und thätige Nation besitzt, welche Jahrhunderte hindurch der sittlichen Welt in Europa – freilich oft zum Nachtheile derselben – Gesetze gab, eine Nation, welche zu gleicher Zeit Beispiele der höchsten Tugend und der größten Lasterhaftigkeit darbietet, aber nie die Aufmerksamkeit aller Völker so auf sich zog, als gegenwärtig"[9]? Oder hatte es etwas mit der französischen Besatzung Heilbronns von 1799 bis 1801 zu tun? Laut seinen – im fortgeschrittenen Alter – verfassten Aufzeichnungen „schrieb sich [der Wunsch, nach Frankreich zu gehen] von der häufigen französischen Einquartierung her, mit welcher mein elterliches Haus [...] belegt war. Wenn auch gemeine Soldaten oder Unteroffiziere und Musiker, so waren es in der Regel doch artige Leute, die meinem großen Verlangen, mich in ihrer Sprache zu ver

vollkommnen, gern entsprachen, sich mit mir unterhielten und mich zu-

---

9 *Brockhaus Conversations-Lexikon*, Bd. 2., Amsterdam 1809.

rechtwiesen, wenn ich mich unrichtig ausdrückte. Ich machte bald solche Fortschritte, dass ich häufig in der Nachbarschaft, namentlich im Lazareth, den Dolmetscher machen musste." Diese netten Worte sind wenig überzeugend, wenn man weiß, dass die Franzosen sich gerade in Heilbronn von ihrer übelsten Seite zeigten; sie schikanierten die Stadt und ihre Bürger durch wiederholte Raubzüge „gegen alles Völkerrecht zu einer Zeit [...], als die Stadt bereits als Mitglied des Schwäbischen Kreises den Frieden mit Frankreich theuer genug erkauft hatte", wie in einem Bericht des Königlich statistisch-topographischen Bureaus von 1865 festgestellt wurde. Erst im Mai 1801, vier Monate, nachdem im Februar der Frieden von Luneville geschlossen war, räumten die französischen Besatzer endlich Heilbronn. Wahrscheinlich war Georg Christians Frankophilie vor allem auf die leidenschaftlichen Tisch- und Kamingespräche der Erwachsenen zurückzuführen, die sich in diesen Jahren vornehmlich um die Ideen der französischen Revolution drehten und bei denen er von klein auf ein faszinierter Zuhörer war.

In diesem Jahr 1801 lag Frankreich für Georg Christian jedoch noch in weiter Ferne. Erst musste er ja noch den Beruf erlernen, der ihn seinem Ziel näher bringen sollte. Über Freunde des Vaters fand sich eine Lehrstelle bei einem Kaufmann in Neuwied am Rhein, der ein Farben-, Spezerei- und Lederwarengeschäft betrieb. Wie damals üblich, zahlten die Eltern dem Lehrherren für die Ausbildung ihres Sprösslings ein Lehrgeld. Dreihundert Gulden für vier Lehrjahre, so war es ausgemacht. Die Reise mit der Postkutsche von Heilbronn nach Frankfurt dauerte drei Tage. Von Frankfurt aus wurde er auf der Jacht einer befreundeten Familie nach St. Goar mitgenommen. Es ging den Main hinunter bis zur Mündung in den Rhein. Hier, am Deutschen Rhein, sah sich Georg Christian erstmals mit einer der tiefgreifenden Folgen der Revolution von 1789 konfrontiert. Die deutschen Gebiete jenseits des linken Rheinufers − schon seit fast zehn Jahren von französischen Revolutionstruppen besetzt − waren 1801 annektiert, in vier reguläre Departements umgewandelt und in die junge französische Republik eingegliedert worden. Wie Mainz mussten zahlreiche andere deutsche Städte, Dörfer und Landschaften jenseits des linken Rheinufers unter dem Zwang der Waffen Nationalität und Herrscher wechseln, weil sie aus französischer Sicht diesseits der „natürlichen" Grenze des Rheins lagen.[10]

Im rechtsrheinischen Städtchen Kastel legte das Schiff für die Nacht an. Der Junge ließ es sich nicht nehmen, die weit geschwungene Schiffsbrücke[11] zu besichtigen, die Kastel mit dem am linken Ufer liegenden, nunmehr französischen Mainz verbindet. Später berichtete er: „Ich [...] wagte mich zagend bis auf deren Mitte, um die daselbst aufgestellte französische Schildwache respektvoll zu betrachten." Und weiter schreibt er: „Den anderen Morgen wurde die Wasserreise fortgesetzt, abends St. Goar erreicht. Tags darauf reißte ich armer Junge von vierzehn Jahren nun mir selbst überlassen, mit der Wasser Diligence[12] von St. Goar ab, nachdem ich die in meinem Koffer befindlich gewesen fl. 150, als die Hälfte meines Lehrgeldes, in meinem Hutfutter verborgen hatte, weil es damals verboten war, bares Geld aus Frankreich auszuführen. In Coblenz [...] wurde wieder gelandet und zu Mittag gespeißt. In der größten Verlegenheit mit meinem Gelde auf dem Kopfe wagte ich es nicht, meinen Hut abzunehmen..." Als er dreieinhalb Jahre später wieder an derselben Stelle stand, waren hier beide Rheinufer französisch.

Über Georg Christians Lehrjahre in Neuwied gibt es nur zu berichten, dass er wohl kein schlechter Lehrling gewesen ist, denn: „Nach dem Ablauf des dritten Jahres meiner Lehrzeit," schreibt er in seinen Lebenserinnerungen, „äußerte mein Prinzipal die Geneigtheit, mir die Hälfte des

---

10   Darunter Speyer, Bonn, Koblenz, Aachen, Köln, Saarbrücken, Zweibrücken, Trier und andere. Ebenfalls annektiert wurden weite Gebiete im Nordwesten Deutschlands (siehe Karte auf S. 152/153).

11   Eine beeindruckende Ponton-Brücke, bei der ein Fahrweg über eine Kette von achtundvierzig miteinander vertäuten Holzkähnen führte. Sie überspannte den Rhein auf einer Länge von fünfhundert Metern. 1661 für den Verkehr eröffnet, wurde sie erst 1882/1885 durch die Rheinbrücke ersetzt, war aber dann noch bis 1927 in Mülheim in Betrieb.

12   Eine Wasser-Diligence war ursprünglich ein mit Segeln bestücktes Frachtschiff, das für den Personentransport umgebaut worden war. Ende des 18. bis ins 19. Jahrhundert verkehrten diese Passagierschiffe nach festgelegten Fahrplänen rheinauf, rheinab.

vierten Jahres zu erlassen, wenn ich eine passende Commis-Stelle fände". Er selbst schätzte seine Kenntnisse zwar nicht für bedeutend ein, „doch schrieb ich einen erträglichen deutschen und französischen Brief [...] und verstand etwas von der Buchhaltung." Seine Sprachkenntnisse hatte er nebenher bei einem Geistlichen perfektioniert, der aus dem revolutionären Frankreich nach Neuwied geflüchtet war. Die Kontoristenstelle fand er in Mainz in einer Lederwarenhandlung und trat sie im Dezember 1804 an. „Mainz gehörte damals noch zu Frankreich, und obgleich der größte Teil der Bevölkerung Deutsch sprach, so war doch mein Wunsch, in Frankreich angestellt zu werden, einigermaßen erfüllt," liest man später in seinen Aufzeichnungen.

Aber eben nur „einigermaßen". Zwar hatte Kaiser Napoleon Großes vor mit Mayence, der Hauptstadt des neuen *Département du Mont-Tonnèrre*. So sollte die Stadt zur Kaiserresidenz erhoben und zum einem prachtvollen „Schaufenster des Empire" herausgeputzt werden. Das Stadtbild sollte von Grund auf umgestaltet, breite Boulevards – darunter die *Grand'Rue Napoléon*[13] – angelegt und das Deutschhaus zu einem prunkvollen kaiserliches Residenzschloss ausgebaut werden. Mehrfach besuchte Napoleon die Stadt, um den Fortschritt der Bauarbeiten zu inspizieren: In der Volksmenge, die sich bei diesen Gelegenheiten versammelte, um den Herrscher Europas auf seinem Schimmel zu begaffen, war bestimmt auch der junge Kessler. Doch trotz dieser hochtrabenden imperialen Vorhaben, von denen nur ein kleiner Teil verwirklicht wurde, blieb Mainz Mainz – so deutsch wie es schon immer war.

In seiner neuen Rolle als Grenzort am Rhein hatte sich die Stadt aber zu einem betriebsamen Knotenpunkt an den Handelsrouten von Frankreich nach Ost- und Nordeuropa entwickelt. Und so kann es durchaus sein, dass Georg Christian Kessler hier in Mainz eine Begegnung hatte, die seinem Leben eine entscheidende Wendung geben sollte. Im Herbst

---

13 Die heutige Ludwigstraße ist alles, was in Mainz aus dieser Periode übrig geblieben ist.

des Jahres 1806 macht nämlich hier ein Handlungsreisender namens Carl Friedrich Bahnmajer Station. Er ist im Auftrag eines Champagner-Hauses, das einer Witwe in der französischen Stadt Reims gehört, unterwegs nach Köln und will von dort aus weiter nach Kopenhagen, Christiana[14] und Bergen reisen, um Bestellungen für exquisite Schaumweine aus der Champagne hereinzuholen. Außerdem ist er auch ein Landsmann Georg Christian Kesslers, denn er kommt ebenfalls aus einer der alten schwäbischen Reichsstädte am Neckar – aus Esslingen.

Ebenfalls denkbar ist, dass ihm der Weg nach Reims durch einen Herrn namens Ludwig Bohne geebnet wurde. Der gebürtige Mannheimer steht als Handlungsreisender in Diensten derselben Reimser Weinhandlung wie Bahnmajer, aber mit ungleich höherem Rang. Denn zusammen mit der Witwe Clicquot und dem Weinhändler Fourneaux ist er einer der Inhaber der Firma. Im Winter 1802 hatte Bohne auf einer seiner Reisen auch in Heilbronn Station gemacht. Die von Weinbergen gesäumte Stadt im Neckartal gefiel ihm sehr, und so wählte er sie für sich und seine Familie als Wohnsitz. Nicht unmöglich also, dass Ludwig Bohne und Vater Kessler sich kannten und der Sohn von dieser Bekanntschaft profitierte.

Es kann aber auch ganz anders gewesen sein. Aus einem im Archiv des Fürstentums Hohenlohe-Schillingsfürst abgelegten „Gutachten des Organisten Johann Wilhelm Keßler zu Heilbronn über die von dem Orgelmacher Ehrlich zu Waldenburg gebaute, nun reparaturbedürftige Orgel in der Stadtkirche zu Waldenburg" von 1787 erfahren wir nämlich, dass Kesslers Vater auch als Sachverständiger in Sachen Orgelbau gefragt war. Als solcher hat er mit Sicherheit von den berühmtesten Orgelbauern jener Zeit, der Familie Clicquot in Reims, gewusst. In der Werkstatt dieser *Facteurs d'Orgues du Roy*[15] wurden die grandiosen Orgeln der Schlosskapelle von Versailles, der Kathedralen von Reims, Rouen, Blois, Poitiers, der Kirche Saint Sulpice in Paris und zahlreiche andere im ganzen Land gebaut. Viel-

---

14 Heute: Oslo.

15 „Orgelbauer des Königs" – ein Ehrentitel unter dem Sonnenkönig Ludwig XIV.

leicht stand Vater Kessler im Briefwechsel mit François Clicquot[16], dem letzten Vertreter dieses Familienzweigs. Vielleicht hatte er bei ihm angefragt, ob der Sohn nicht in seiner Schreibstube beschäftigt werden könnte. Und vielleicht wurde er von diesem an dessen Vetter François Clicquot weiterempfohlen, der etwa zur selben Zeit lebte und im Tuch- und Weinhandel tätig war. Diesen François Clicquot werden wir nächsten Kapitel als Ehemann von Barbe Nicole Ponsardin kennenlernen.

Doch das alles sind Mutmaßungen. Sicher wissen wir nur, dass sich Georg Christian Kesslers Kindheitswunsch, Frankreich zu sehen, Anfang Juli des Jahres 1807 erfüllte, und zwar in Reims, der Krönungsstadt der französischen Könige. Er ist jetzt zwanzig Jahre alt.

16 Claude François Clicquot (1762 - 1801).

Reims, im Juli 1804

Die Clicquots: Von der Wolle zum Wein

Nach einer selbst für einen Zwanzigjährigen beschwerlichen, zehn Tage dauernden Reise mit der Postkutsche und streckenweise mit dem Postpferd entlang der einstigen römischen Militärstraße von Mainz über Bingen, Trier und Arlon, erreichte Georg Christian Kessler Ende Juni 1807 sein Ziel: Reims in der Champagne. Anders als im neufranzösischen Mainz spürt er sofort, dass er hier, in dieser geschichtsträchtigen Stadt mit ihrer imposanten Kathedrale, den Fuß auf alte französische Erde setzt. Der Gegensatz von historischer Gelassenheit und moderner Geschäftigkeit, der ihm auf Schritt und Tritt in den Straßen und auf den Plätzen dieser Stadt begegnet, begeistert ihn. Ja, so hatte er sich Frankreich vorgestellt!

Reims hatte damals knapp dreißigtausend Einwohner und war seit dem frühen Mittelalter ein Zentrum der Garnspinner und Tuchmacher. Rund zwanzigtausend Menschen arbeiteten in unzähligen Woll- und Tuchwerkstätten und in sieben großen Manufakturen, die von den drei „Fabrikanten" – eine damals ganz neue Berufsbezeichnung – Ponsardin, Dérodé und Jobert-Lucas geleitet wurden. Die für ihre hohe Qualität gerühmten Produkte gingen hauptsächlich in den Export, weshalb diese Industrie besonders anfällig für die jeweilige politische Großwetterlage war. In den fünfundzwanzig Jahren, die der Revolution von 1789 folgten, hatte die Branche mächtig darunter zu leiden, dass praktisch ununterbrochen Kriegszustand herrschte. Doch allen Widrigkeiten zum Trotz schafften es diese frühen Industriellen, riesige Vermögen anzuhäufen. Die prunkvollen Stadtpaläste, die sie sich errichten liessen und die Georg Christian Kessler auf seinen Spaziergängen durch die Stadt nur von außen bewundern durfte, sind Ausdruck eines soliden Reichtums. In seinen Reimser Jahren wird er miterleben, wie die Bewohner dieser Prachtbauten nach und nach wechseln. Statt der Textilbarone werden hier bald lauter Champagnerfürsten residieren – wobei es sich meistens um dieselben Personen handelte, die lediglich in eine andere Branche umgestiegen waren. In diesen Palästen wird er bald ein- und ausgehen. Er wird sogar selbst hier eine, wenn auch sehr viel bescheidenere, Residenz besitzen. Doch davon hat Georg Christian in diesem Sommer von 1807 noch keine Ahnung.

Im Süden und Westen der Stadt erblickt er zum ersten Mal die sanft geschwungenen Hügel der Reimser Weinberge mit ihren regelmäßigen Rebenreihen, die wie schwere Teppiche ausgelegt sind und ihn an die Weinlandschaft des heimatlichen Heilbronn erinnern. Hier gedeihen die Reben, aus denen der moussierende Wein hergestellt wird, der sein Schicksal bis an sein Lebensende bestimmen wird. Die ersten Jahre in der neuen Heimat sind ungeheuer stürmisch, denn wie kaum ein anderes Produkt ist der Champagner dem dramatischen Auf und Ab der napoleonischen Epoche ausgesetzt. Aber nicht nur beruflich, auch persönlich stehen Georg Christian aufregende Zeiten bevor. Nach dem Vater, dem er Bildung und Kultur verdankt, und dem *Abbé* in Neuwied, der ihm so viel über Frankreich und die Franzosen beibrachte, begegnet er nun der dritten Person, die einen tiefgreifenden Einfluss auf ihn ausüben wird: Barbe Nicole Clicquot, die Inhaberin des Champagner-Hauses, für das er nun tätig wird. Die zierliche Frau mit den dunklen, intelligenten Augen zieht den jungen Mann vom ersten Augenblick in ihren Bann. Auch sie scheint an dem adretten Lockenkopf Gefallen gefunden zu haben. Über eine Romanze zwischen den beiden wissen wir nichts. Es spricht jedoch einiges dafür, dass die Beziehung zwischen den beiden jungen Leuten mehr war als nur ein Flirt, auf jeden Fall sehr viel mehr als nur ein Dienstverhältnis. Barbe Nicole ist seit etwas mehr als einem Jahr verwitwet. Die Trauerkleidung, die sie immer noch trägt, verbirgt weder ihre Anmut noch ihre

BARBE NICOLE CLICQUOT-
PONSARDIN
*16. DEZEMBER 1777
†29. JULI 1866

Jugend. Sie ist ja erst neunundzwanzig Jahre alt und für Avancen junger Herren durchaus nicht unempfänglich. Aber obwohl sie immer noch im besten Heiratsalter ist, kommt eine Wiederverheiratung für sie nicht in Frage. Das würde nämlich bedeuten, dass sie die Leitung ihrer Firma aufgeben müsste, denn als verheiratete Frau stellt der *Code Napoléon*[17] sie

---

17 Amtlich *Code civil*; unter Napoléon III. 1852 offiziell in *Code Napoléon* umbenannt.

quasi unter die Vormundschaft ihres Ehemannes. Sie würde beispielsweise nicht ohne die Einwilligung ihres Mannes vor Gericht ziehen können, selbst in Angelegenheiten ihres eigenen Geschäfts. Außerdem genießt sie als Witwe nicht nur den allseitigen Respekt, ihr stehen auch sonst eine Reihe von gesellschaftlichen Privilegien zu, auf die sie nicht verzichten möchte. Für Georg Christian jedenfalls ist sie die Frau seines Lebens. Sie wird es selbst dann bleiben, als er sich viele Jahre später mit einer anderen verheiratet.

* * *

Barbe Nicole wurde am 16. Dezember 1777 geboren. Ihr Vater war der Reimser Textilfabrikant Ponce Jean Nicolas Ponsardin, die Mutter Jeanne-Clémentine Huart Letertre. Zusammen mit ihrer älteren Schwester Clémentine und ihrem jüngeren Bruder Jean-Baptiste wuchs sie in einer traditionsbewußten, großbürgerlichen Familie auf. Sie war zwölf Jahre alt, als die Revolution ausbrach. In Reims, der Stadt, in der seit dem 9. Jahrhundert vierzig Könige gekrönt wurden, tobte sich die republikanische Meute besonders gründlich aus. Doch davon bekam sie so gut wie nichts mit. Ihre Eltern steckten sie beim Ausbruch der ersten Unruhen ins Kloster, die Königliche Abtei von Saint-Pierre-les-Dames, wo sie von Nonnen erzogen wurde. Erst als die Lage sich wieder einigermaßen beruhigt hatte, holte man sie wieder heim ins elterliche Hôtel Ponsardin in der Rue Cérès.

Ihr Vater, unter dem *Ancien Régime* ein königstreuer Untertan, hatte sich wie viele seiner Zeitgenossen den politischen Verhältnissen gewandt angepasst und sich in einen strammen, jakobinischen Patrioten verwandelt. Später wechselte er noch einige Male die Gesinnung. Auf diese Weise kam er unbeschadet durch die Tumulte der Revolution und die Wirren der ihr folgenden Regime. Der Kaiser Napoleon setzte ihn 1810 als Bürgermeister von Reims ein und ernannte ihn zum Baron. Er durfte beides bleiben, als vier Jahre später die Bourbonen wieder auf dem Thron saßen. Die

Fähigkeit, sich mühelos an die gerade herrschenden Verhältnisse anzu-
passen, hat der Vater Ponsardin wohl auf seine Tochter vererbt. In ihrem
Leben wird sie oft davon Gebrauch machen müssen. Im Elternhaus lebte
sie abgeschirmt von der Außenwelt. Berichte aus Paris über den Prunk
des *Directoire* und Bonapartes wachsenden Ruhm drangen selten bis an
ihr Ohr. Obwohl aus bestem Hause, hielt sie sich fern von der Reimser *Jeu-
nesse dorée* – oder wurde von den Eltern ferngehalten. Diese jungen Leute
hatten nichts anderes im Sinn, als den neuesten Moden aus Paris nachzu-
laufen. Ihre Jugendjahre durchlebte sie vollkommen abgeschieden – bis
zu dem Tag, an dem ihr François Marie Clicquot, der fünfundzwanzigjährige Sohn von Philippe und Cathérine Clicquot, begegnete und ihr den
Hof machte.

Am 10. Juni 1798 heirateten die beiden. Da das Regime die Kirchen
noch nicht wieder freigegeben hatte, fand die Hochzeit in einem Weinkeller statt. François war das, was man eine gute Partie nennt, denn als
Bankier und Inhaber der international tätigen Tuchhandlung Clicquot-
Muiron gehörte sein Vater ebenfalls zu den Notabeln der Stadt. Der Wein,
den seine wenigen Parzellen hergaben und mit dem er einen kleinen Kreis
von Freunden und Bekannten belieferte, war nur ein Nebengeschäft. Vater
Clicquot nahm die Hochzeit zum Anlass, den Sohn als Mitinhaber in das
Bank- und Handelsgeschäft aufzunehmen, das nun unter Clicquot Muiron & Fils firmierte.

In den folgenden Jahren zog sich der Senior immer mehr zurück und
überließ dem Sohn das Steuer. Jung und unternehmungslustig wie er war,
hielt der die Zeit reif für eine radikale Kursänderung. Der Textilmarkt
steckte wegen des im revolutionären Frankreich nicht enden wollenden
Kriegszustands tief in der Krise, und nach dem Londoner Vorfrieden von
1801 bricht er unter dem Druck der aus England wieder einfließenden
Textilimporte vollends ein. Der Weinhandel hingegen verzeichnete Zu-
wächse – wenn auch nur auf bescheidenem Niveau. François entschloss
sich deshalb, aus dem vom Vater aufgebauten Tuchhandel nach und nach

auszusteigen und sich ganz auf den Weinhandel zu konzentrieren. Er handelte hier nicht anders als viele seiner Kollegen. Für ihn schienen die Tage von Reims als Zentrum des Tuch- und Stoffhandels gezählt zu sein. Die Zukunft der Stadt lag im Wein, genauer: im Champagner.

Mitte August 1801 begibt sich François Clicquot auf eine viermonatige Geschäftsreise, die ihn nach Schwaben, nach Bayern und über die Schweiz nach Österreich führt. In Basel macht er die Bekanntschaft eines famosen Herrn aus Mannheim, dessen Persönlichkeit ihn so sehr beeindruckt, dass er ihn auf der Stelle als Handlungsreisenden für seine Firma engagiert – Ludwig Bohne. Dieser kleine, rundliche Mann mit dem feuerroten Haar wird das Vertrauen, das François Clicquot in ihn setzt, nie enttäuschen. Er bleibt dem Unternehmen bis an sein Lebensende treu. Dieser „Louis" Bohne ist die treibende Kraft für den internationalen Erfolg des Hauses, und er entwickelt sich – obwohl er die meiste Zeit auf Reisen ist – in allen unternehmerischen Fragen zu einem der wertvollsten und einflussreichsten Ratgeber Madame Clicquots. Davon zeugen Hunderte von Briefen, die er von unterwegs aus nach Reims schickt.

Louis Bohnes erste Reise führte ihn 1802 nach England, wo schon im 17. Jahrhundert die passioniertesten aller Champagnertrinker[18] anzutreffen waren. Fast eine Generation lang konnten sich die Briten nur mit Schmuggelware versorgen, denn bis zum Frieden von Amiens im März 1802 war die Insel gegen französische Produkte abgeriegelt. Doch dieses Unternehmen war ein glatter Reinfall. Bohne brach es vorzeitig ab. Die Engländer, so hat er feststellen müssen, sind ebenso ruiniert wie die Franzosen und können sich Champagner einfach nicht leisten. Diese bittere Erfahrung hat jedoch ihr Gutes, denn François Clicquot und Louis Bohne richten ihr Augenmerk nun zwangsweise auf die Märkte im Osten Europas.

---

18   Schon 1662 wurde der *Royal Society* in London berichtet, dass Weinhändler verschiedenen Weinen Zucker und Melasse hinzufügten, um das Schäumen zu fördern. Außerdem beherrschten die Engländer die Technik zur Produktion hochwertiger, kräftiger Flaschen (*verre anglais*). Sie hielten dem Druck der Kohlensäure weitaus besser stand als das weniger robuste französische Glas.

„Unser Wunsch ist," schrieb François Clicquot an Louis Bohne, „dass Ihr Deutschland bereist und über Österreich, Ungarn und Triest zurückkehrt. Im Inneren Deutschlands gibt es zahlreiche kleine Städte, in denen man vorteilhaft Geschäfte machen kann".

Und die Bestellungen laufen tatsächlich in Mengen ein, zusammen mit den optimistischen Berichten des umtriebigen Reisenden. So schreibt er zum Beispiel über Stuttgart, dies sei ein Ort, „den wir für unsere Weine in Betracht ziehen sollten, besonders unter dem gegenwärtigen Souverän[19], der sie selbst zu trinken versteht und es nie versäumt, bei seinen Festen, die er hier in höchster Frequenz veranstaltet, einen beachtlichen Gebrauch davon zu machen. Man kennt das Beispiel, dass bei einer einzigen dieser Orgien 600 bis 800 Flaschen getrunken werden". Bei dieser und einer zweiten Reise im Oktober 1802 besucht Ludwig Bohne außer Stuttgart auch noch ein Dutzend anderer Städte[20]. Von Danzig aus reist er weiter nach Polen. Obwohl er natürlich glücklich und zufrieden ist über die eingehenden Bestellungen, sieht sich François dennoch veranlasst, den Elan seines Handlungsreisenden etwas zu bremsen: „Wir wollen unsere Geschäfte nicht auf zu weite Entfernungen ausdehnen und Qualität vor Quantität präferieren, weshalb wir nicht vorhaben, Beziehungen in Russland zu suchen und aufzubauen." Preußen, Polen, Sachsen, Österreich, Triest, Venedig und Italien seien ausreichend, um die gesetzten Ziele zu erreichen. Auch wenn die Geschäfte wegen des 1803 wieder aufflammenden Kriegs schlechter und schlechter gehen, so ist doch die Umstellung vom Tuch- auf den Weinhandel geschafft und, wichtiger noch, geglückt. Dass der Durchbruch zum großen Erfolg seines Champagners eines Tages ausgerechnet im fernen Russland stattfinden wird, ahnt François nicht – und er wird es leider auch nie erfahren.

---

19 Kurfürst Friedrich II. – von 1806 bis 1816 König Friedrich I. von Württemberg – hieß wegen seiner enormen Leibesfülle (zwei Meter elf groß, vier Zentner schwer) „Dicker Friedrich".
20 Hamburg, Nürnberg, Frankfurt, Göttingen, Magdeburg, Braunschweig, Hannover, Bremen, Lübeck, Rostock, Stettin und Danzig.

Was aber tut Barbe Nicole in diesen Jahren? Wie alle braven Bürgerfrauen bleibt sie zu Hause und kommt dort ihren hausfraulichen Pflichten nach. Sie führt den Haushalt, beaufsichtigt das Personal und übernimmt ab und zu die Rolle der Gastgeberin bei privaten und geschäftlichen Einladungen. In die Geschäfte ihres Mannes mischt sie sich nie ein. Als Tochter aus gutem Hause, die noch dazu ein paar Jahre im Kloster erzogen wurde, scheint ihr der Kommerz ohnehin fremd zu sein. Außerdem hat die junge Mutter genug zu tun mit der Tochter Clémentine, die genau neun Monate nach der Hochzeit, am 20. März 1799, geboren wurde.

Die Idylle ihres bisherigen Lebenswegs endet jäh am 23. Oktober 1805. An diesem Tag stirbt François, gerade einunddreißig Jahre alt, an einer Fieberkrankheit. Philippe Clicquot, voller Gram über den Tod seines einzigen Sohnes und Nachfolgers, will die Firma liquidieren. Seine Schwiegertochter jedoch behält in dieser Zeit der Trauer und der Verzweiflung einen klaren Kopf und fasst einen erstaunlichen Entschluss. Sie selbst, so verkündet sie der trauernden Familie, werde die Geschäfte ihres verstorbenen Mannes fortführen. Ein kühner Plan für eine junge Frau im angehenden 19. Jahrhundert. Das Vorhaben der Witwe stößt nicht nur in der Familie auf Unverständnis und Vorbehalte. Als man in der Stadt davon erfährt, zieht mancher die Brauen hoch oder schüttelt den Kopf. Schickt sich denn eine derartige Beschäftigung für eine Dame aus gutem Hause, die noch dazu eine kleine Tochter großzuziehen hat? Wie will sie sich als Frau in einem Metier behaupten, in dem sie es fast ausschließlich mit Männern zu tun hat? Diese Frage hat sie sich sicher auch selbst gestellt, und sie muss darauf eine überzeugende Antwort gefunden haben.

Der wagemutige Entschluss könnte aber auch durch einen Umstand befördert worden sein, der bis dahin ihr Geheimnis war. In den sechs Jahren ihrer Ehe war François geschäftlich viel auf Reisen, und so entwickelte sich eine rege Korrespondenz zwischen den beiden. In den Briefen geht es nicht nur um familiäre Dinge. Es werden hier auch geschäftliche Fragen, ja sogar die politische Lage, angesprochen – Themen also, die damals fast nie zum Gesprächsstoff unter Eheleuten zählten. Durch diesen umfangreichen Briefverkehr hat die junge Witwe viel über das Geschäft erfahren. Offenbar genug, um sich in der Lage zu fühlen, die Nachfolge ihres verstorbenen Mannes anzutreten. Was sie schließlich und endlich zu diesem Schritt bewogen hat, weiß niemand. Vielleicht bricht es ihr das Herz, dass die viele Energie, die ihr Mann in das Unternehmen gesteckt hat, vergeblich gewesen sein soll. Vielleicht wollte sie auch nur vermeiden, sich ins Schicksal einer von ihrer Familie finanziell und gesellschaftlich abhängigen Witwe zu fügen.

Dennoch ist ihr bewusst, dass sie allein es nicht schaffen kann. Dazu versteht sie von den Feinheiten der Champagnerherstellung nun doch zu wenig. Sie muss dafür einen erfahrenen Fachmann finden, der die Produktionskette vom Einkauf des Weines bis zur Abfüllung beherrscht. Keine einfache Sache, denn die Guten sind alle in festen Händen, und die Besten oft Besitzer einer eigenen Firma. So auch Jérôme Alexandre Fourneaux, der eines der ältesten und angesehensten Tuch- und Weinhandelsgeschäfte am Platz, Fourneaux Père & Fils, betreibt. Was diesen Monsieur Fourneaux dazu bringt, zusammen mit Barbe Nicole am 10. Februar 1806 die Firma Veuve Clicquot, Fourneaux & Cie zu gründen, ist nicht überliefert. Die Freundschaft mit Philippe Clicquot? Die Überzeugungskraft von Nicolas Ponsardin? Oder vielleicht der Charme der jungen Witwe? Neben allen Aktiva von François' bisheriger Firma Clicquot Muiron & Fils übernehmen die beiden Firmengründer auch den engsten Vertrauen des Verstorbenen, den wackeren Louis Bohne, ins neue Unternehmen. Da Geschäftsreisen, und noch dazu ins Ausland, für junge Frauen damals natürlich vollkommen unschicklich waren[21], hängt der Geschäftserfolg der neuen Firma weitgehend von seiner Reisetätigkeit und seinem verkäuferischen Talent ab. Er ist deshalb – wie auch der von Fourneaux in die Firma

---

21 In Biographien der Witwe Clicquot wird stets berichtet, sie sei nie außerhalb Frankreichs gewesen. In einem kürzlich erschienenen Buch heisst es jedoch nun, im Juni 1816 sei sie nach Heilbronn zur Taufe des zweiten Kindes von Ludwig Bohne gereist, dessen Patentante ihre Schwester Clémentine war (sie selbst war die Patin von Bohnes erstem Kind).

eingebrachte Buchhalter Johann Peter Vogt – am Geschäftsergebnis beteiligt, während die beiden Namensgeber sich Gewinne und Verluste teilen.

Die neue Firma soll zunächst vier Jahre existieren, im Februar 1810 will man weitersehen. Die Aufgaben sind folgendermaßen verteilt: Alexandre Fourneaux unterhält die Korrespondenz mit den Reisenden, heuert die Reeder für den Warenversand an und überwacht die Arbeiten im Weinkeller. Madame Clicquot kümmert sich um das Personal, die Büroarbeiten und die Buchhaltung. Doch trotz der üppigen Kapitaldecke, dem ergebenen Engagement der Mitarbeiter und des guten Rufs seines Champagners erleidet das Haus Veuve Clicquot, Fourneaux & Cie in diesen Jahren einen Rückschlag nach dem anderen. Schuld daran ist, in letzter Instanz, Napoleon. Dessen Kriegspolitik verschiebt die Grenzen innerhalb Europas laufend, so dass die ausländischen Absatzmärkte sich je nach Kriegslage ständig öffnen und wieder schließen. Eine Katastrophe für die exportabhängige Wirtschaft des Landes. Und ganz besonders für die Handlungen der Champagne, deren Produkte innerhalb Frankreichs nur in verhältnismäßig bescheidenen Mengen abgesetzt werden können und die deshalb auf ausländische Kundschaft angewiesen sind. Besonders schlimm wirkt sich der Zusammenbruch der Beziehungen zwischen Frankreich und England in diesem Jahr 1806 aus. Die Seeblockade der Briten und die im Gegenzug von Napoleon verhängte Kontinentalsperre bedeuteten für die Champagner-Häuser das Ende des freien Handels. Ihre kostbaren Waren können in den nächsten acht Jahren oft nur ins Ausland geschmuggelt werden. Mit allen Risiken, die damit verbunden sind: Verlust der Ware durch Konfiskation, Versenkung oder Havarien der Schiffe und standrechtliche Bestrafung der Blockadebrecher.

Im Laufe der Kriegsjahre verschlechtert sich die wirtschaftliche Lage natürlich auch auf den ausländischen Absatzmärkten. Selbst der Adel hat einfach nicht mehr die Mittel, sich den teuren Champagner zu leisten. Das spürt man ganz besonders bei Veuve Clicquot, Fourneaux & Cie: In den Jahren von 1809 bis 1813 fällt der Absatz von rund vierzigtausend auf nur noch dreizehntausend Flaschen – ein Zehntel der Menge des Jahres 1806. Und so beschließen Madame Clicquot und Monsieur Fourneaux im Februar 1810, die gemeinsame Firma nicht fortzuführen und sie, wie seinerzeit bei der Gründung vorgesehen, zum 31. Mai des Jahres aufzulösen. In Reims fragt man sich, ob diese Trennung tatsächlich nur eine Folge der schlechten Geschäftslage des Unternehmens sei. Oder ob sich Alexandre Fourneaux von der Partnerschaft mit der Witwe einfach zu viel versprochen habe? An eine aussichtsreiche Zukunft des Champagners scheinen die beiden ehemaligen Partner jedoch weiterhin geglaubt zu haben. Denn weder die eine noch der andere geben das Geschäft auf, sondern setzen es auf eigene Rechnung und mit unvermindertem Einsatz fort. Bei Veuve Clicquot-Ponsardin & Cie steht nun nur noch ein Name über der Tür, aber auch in der neuen Firma hat die Barbe Nicole Clicquot den getreuen Louis Bohne als Kompagnon an der Seite.

In den fast drei Jahren, die Bohne zwischen 1806 und 1809 am Stück in St. Petersburg verbringt, kann er nur wenige Bestellungen nach Reims schicken. Das Land ist ausgeblutet, und die Beziehungen zwischen Russland und Frankreich verschlechtern sich zusehends. Aber trotz allem gelingt es ihm, ein dichtes Netz von Beziehungen in der russischen Hauptstadt zu knüpfen und sogar bei Hofe eingeführt zu werden. Das sollte sich fünf Jahre nach seiner frustrierten Rückkehr, im Friedensjahr 1814, üppig auszahlen. In Russland nimmt die Legende des Veuve Clicquot-Champagners ihren Anfang. Der *Klikofskoie* wird am Zarenhof – und an vielen anderen Fürstenhöfen – über ein Jahrhundert lang der Trank sein, mit dem Feste und Feiern begossen werden. Der russische Dichter Alexander Puschkin vergleicht den „gesegneten" Wein der Veuve Clicquot mit der „Quelle Hippokrene, aus der die Poeten ihre Inspiration schöpften".

Dieser rauschende Erfolg hatte ein paar unschöne Nebenwirkungen. Louis Bohne mahnte in einem seiner Briefe: „Nachdem unsere Weine derzeit sehr *en vogue* sind, fehlt es nicht an Fälschungen, die sich der Marke *VCP* auf Korken und Kisten bemächtigen". Solche Fälschungen waren einfach zu bewerkstelligen, denn die Flaschen waren damals lediglich durch ein einfaches Monogramm auf dem Korken und auf dem Wachs gekennzeichnet, mit dem Korken und Flasche versiegelt wurden. Zudem versah man die Holzkisten, in denen die Flaschen verpackt waren, mit einer Brandmarke, die mit dem Brenneisen eingebrannt wurde. Etiketten aus Papier, wie wir sie heute kennen, kamen erst Mitte des 19. Jahrhunderts auf.[22] Natürlich dachte man im Haus Clicquot darüber nach, wie man gegen dieses Unwesen ankämpfen könne. Eine erste Maßnahme bestand darin, das einfache Monogramm *VCP* um den vollen Namen Clicquot und das Ankersymbol zu ergänzen. Eine zweite, die Fälscher vor Gericht zu verklagen und damit abschreckende Beispiele zu schaffen. In der Tat wurde 1825 ein gewisser Marc Robin vom Schwurgerichtshof in Metz zu „10 Jahren Gefängnis, 100 Francs Geldstrafe, 6 000 Francs Schadenersatz" verurteilt. Damit aber nicht genug, denn das Gericht verfügte außerdem, dass dem Verurteilten auf der rechten Schulter der Buchstabe „F" (für *fausseur*, Fälscher) eingebrannt werden sollte. Während Fälschungen in den meisten Unternehmungen als lästiger Umsatzverlust betrachtet wurden, hatte man im Haus Clicquot also schon damals bereits Markenbewusstsein entwickelt.

Im Gestürm dieser Jahre schlägt sich die Witwe mit bewundernswertem Mut und unerschütterlicher Entschlossenheit durch. Dabei wird sie aus der Ferne von Louis Bohne, vor Ort aber von Georg Christian Kessler unterstützt. Als Barbe Nicole engster Mitarbeiter und Vertrauter nimmt er nun den Platz ein, die vor ihm Jérôme Alexandre Fourneaux innehatte.

---

22 Bis dahin wurden Papieretiketten nur auf Wunsch des Kunden auf die Flaschen geklebt.

Reims, im August 1807

Der perlende Rebensaft

Als Georg Christian Kessler in Reims eintrifft, hat er noch so gut wie keine Ahnung vom Champagner, noch weiß er, was diesen Wein so besonders macht. Wie sollte er auch? Als Buchhalter und Büroschreiber besteht seine Welt aus Zahlen und Fakten. Natürlich hatte er in seiner Mainzer Zeit schon das eine oder andere Glas des perlenden Champagnerweins genossen und seine bezaubernde Wirkung erlebt. Aber wie die Perlen in den Rebensaft kommen, erfährt er erst jetzt, als ihm die Witwe und Jérôme Alexandre Fourneaux alles das beibringen, was man über die Champagnerherstellung weiß und wissen muss.

Das über hundert Jahre alte Herstellungsverfahren des Schaumweins hatte damals einen fundamentalen Umbruch hinter sich. Ursprünglich waren die prickelnden Bläschen nur ein Trick der Winzer, mit dem sie versuchten, ihren mittelmäßigen Wein genießbarer zu machen. Im Laufe der Zeit verbesserte sich die Qualität der Champagnerweine allerdings, so dass sie auch als stille Weine für gut befunden wurden.[23] Angesichts des

---

23   1830, vier Jahre nach seiner Rückkehr nach Esslingen, schrieb Kessler: „Der nicht schäumende Champagner, weit entfernt ein elendes Ding zu seyn, ist der vorzüglichste gekelterte Wein."

Riesenerfolgs der perlenden Variante blieben jedoch die meisten Erzeuger bei der Produktion von Schaumweinen. Für die französische Volkswirtschaft war der Wein inzwischen derart wichtig geworden, dass der Innenminister des Ersten Konsuls Napoleon Bonaparte, der promovierte Chemiker Jean-Antoine Chaptal, ein Werk[24] über die Verbesserung des Weins veröffentlichte. Wie Schaumwein erzeugt wird, war zwar schon seit dem 17. Jahrhundert bekannt, aber erst durch Chaptals Buch wurde der Schleier der Geheimnisse, mit dem die Erzeuger diesen Prozess gerne zu verhüllen pflegten, für jedermann gelüftet. In wissenschaftlich nüchterner Form beschreibt er, wie Zucker und Hefe miteinander reagieren und dabei Alkohol und Kohlensäure erzeugen. Das Werk war eine Art Gebrauchsanleitung, die viele Winzer und Weinhändler dazu veranlasste, vom stillen auf den lukrativeren schäumenden Wein umzusteigen. Und so schossen in Reims, Épernay, Aÿ und Chalons neue Champagner-Häuser wie Pilze aus dem Boden.

Die Champagnererzeugung war schon immer eine komplizierte und arbeitsintensive Prozedur. Die Trauben, im Spätsommer oder Frühherbst geerntet, werden gleich nach der Lese gepresst. Der Most lagert dann in großen Fässern, wo er eine erste Fermentierung durchläuft. Die in den Trauben natürlich vorhandene Hefe vergärt den Traubenzucker zu Alkohol und Kohlensäure. Nach dieser ersten „stürmischen" Gärung, die bis zu achtzehn Monate dauert, wird dieser Grundwein gefiltert und mit Reserveweinen aus früheren Jahrgängen verschnitten. Durch diese *Assemblage* genannte Zusammenstellung soll der hauseigene Geschmack bewahrt werden. Für die zweite Fermentation wird der Wein nun auf Flaschen gezogen und mit Zucker und etwas Hefe – *liqueur de tirage* – versetzt. Die Flaschen lagern dann in kühlen Kellern sechs Monate und länger „auf der Hefe" – der stille Wein verwandelt sich in Schaumwein. Schließlich wird er aus den Gärflaschen in Flaschen umgefüllt, die verkorkt und markiert in den Verkauf

---

24 Jean-Antoine Chaptal, *Art de faire, de gouverner, et de perfectionner les vins*, erschienen 1801. Die Methode, den Wein mit Zucker zu versetzen, heißt nach ihm *Chaptalisieren* (Trockenzuckerung).

gehen. Dieses Umfüllen – *Transvasieren* genannt – ist notwendig, um den Schaumwein vom so genannten Trub aus Heferesten, Bakterien, Weinstein etc., der sich an der Flaschenwand abgesetzt hat, zu befreien. Dieses Verfahren hat allerdings gravierende Nachteile: Es ist nicht nur sehr aufwändig, es geht dabei auch ein großer Teil der Kohlensäure dabei verloren, und außerdem lässt sich nicht vermeiden, dass auch Trub mit umgefüllt wird. So ist der Champagner, der damals ausgeschenkt wird, wolkig trüb und hat meist eine bräunlich rötliche Färbung; außer den Kohlensäurebläschen hat er nur wenig gemein mit dem klaren, goldenen Getränk, das wir heute kennen.

Obwohl das seiner allgemeinen Beliebtheit keinerlei Abbruch tat, ließ dieses Problem der Witwe keine Ruhe. Zusammen mit ihrem Kellermeister Antoine de Müller zerbrach sie sich den Kopf darüber, wie man den Trub möglichst vollständig und mit möglichst geringem Verlust von Kohlensäure und Wein aus den Flaschen entfernen könnte. Die beiden bauten ihre Überlegungen auf einer alten Idee der Mönche um den legendären Benediktiner Dom Pérignon auf. Damit die Sedimente sich nicht an den Seitenwänden oder am Boden, sondern möglichst weit oben im Flaschenhals absetzen, steckten die Brüder die Flaschen kopfüber in Sand und ließen die Schwerkraft wirken. Die Idee war zwar ausgezeichnet, aber in großem Stil nicht praktikabel. Die Witwe und ihr Kellermeister ersetzten deshalb 1816 den Sand der Mönche durch einen robusten Tisch – es heißt, es sei der Küchentisch der Witwe gewesen –, in dessen Platte vierundsechzig Löcher gebohrt waren, in die man die Flaschen umgestürzt hineinsteckte.[25] Der doch etwas zu schwächlichen Schwerkraft half man mit einem Verfahren nach, das als *Remuage* in die Champagnergeschichte eingehen sollte. Hierbei stellt man die Schaumweinflaschen

---

25 Das *Pupitre* genannte, dachförmige Rüttelpult wird erst viele Jahrzehnte später eingeführt. Ausgerechnet Édouard Werlé, der Nachfolger der Witwe, wehrte sich lange gegen diese Pupitres. Er wollte sie nicht einführen, weil er befürchtete, die Flaschen in den unteren Reihen würden nicht so sorgfältig gerüttelt werden wie diejenigen in den oberen Reihen des Pults. Die Pupitres sind auch heute noch in Gebrauch (u.a. auch in der Sektmanufaktur Kessler in Esslingen).

auf dem Kopf und leicht geneigt in die Löcher des Rütteltisches und dreht sie mit einer zackigen Handbewegung täglich eine Vierteldrehung um die eigene Achse. Dadurch lockern sich die Sedimente und setzen sich langsam im Flaschenhals auf dem Korken ab. Nach etwa sechs bis acht Wochen wird die Flasche entkorkt und der Trub schießt, vom Druck der Kohlensäure getrieben, aus der Flasche. Dieses *Degorgieren* hatte gegenüber dem Transvasieren den Vorteil, dass der Wein nicht mehr in andere Flaschen umgefüllt werden musste und auf diese Weise nicht mehr so lang dem geschmacksverändernden Luftsauerstoff ausgesetzt war.

Es dauerte dann noch achtundsechzig Jahre, bis im Jahr 1884 das „kalte" Degorgieren erfunden wurde. Bei dieser Methode wird das auf dem Korken abgesetzte Hefedepot eingefroren. Der so gebildete Eispfropfen schießt nach dem Öffnen aus der Flasche[26] heraus. Diese epochale Erfindung verdankt der Champagner einem jungen Mann mit einem schwäbisch klingenden Nachnamen: Henri Abelé[27]. Tatsächlich war dessen Vater Franz („François") Abele[28] wie einst Georges Kessler aus einer württembergischen Neckarstadt, aus Rottenburg, eingewandert und hatte sich in der Nähe von Reims als Weinhändler niedergelassen. Dieser François heiratete 1841 ein Mädchen namens Lucie, das niemand anderes war als die Tochter von Antoine de Müller[29] und Elisabeth Ruinart. Wie einst der Großvater hat also auch der Enkel mit einer großartigen Erfindung dazu beigetragen, die Champagnerproduktion zu revolutionieren.

---

26 Bevor die Flasche endgültig verkorkt wird, setzt der Kellermeister noch etwas gesüßten Wein – *liqueur d'expédition* – zu und bestimmt damit die *Dosage*, die je nach Restzuckergehalt von *brut* (herb) bis *sec* (trocken) klassifiziert ist.

27 Das Haus Henri Abelé in Reims gehört heute der spanischen Freixenet-Gruppe.

28 Franz Joseph Karl Killian Abele (1811 – 1876) war der Sohn der Schwester Antoine de Müllers, Adelheid von Müller (1783 – 1868), und des Obertribunalrats Carl Joseph von Abele (1778 – 1835) in Stuttgart, also auch ein Neffe seines Schwiegervaters.

29 Antoines und Elisabeths Söhne Jules und Auguste wanderten nach Spanien aus und gründeten 1851 in Tarragona das Weingut J. de Müller, das unter den Päpsten Pius X. bis Johannes XXIII. (von 1903 bis 1963) exklusiver weltweiter Messwein-Lieferant des Vatikans war. Ihr Onkel Carl von Abele diente als königlich-württembergischer Gesandter in Paris und St. Petersburg. Er sorgte dafür, dass seinen französischen Neffen das württembergische Konsulat in Tarragona anvertraut wurde. Das Weingut ist seit 1996 im Besitz der Familie Martorell.

Während es bei der Herstellung von Schaumweinen seit damals kaum noch entscheidende Erfindungen gab, ist alles, was die Vermarktung angeht, anders geworden. Man kann sich heute kaum vorstellen, wie es in der damaligen Zeit möglich war, grenzüberschreitende Geschäfte zu betreiben. Bevor der Zollverein 1833 in Kraft trat, waren die deutschen Lande ein Flickenteppich von Hunderten souveräner Territorien, die alle eine eigene Zoll- und Steuerhoheit hatten. Friedrich List, zu dessen liberalem Kreis auch Georges Kesslers älterer Bruder Heinrich gehörte, klagte 1819: „Achtunddreißig Zoll- und Mautlinien in Deutschland lähmen den Verkehr im Innern [...]. Um von Hamburg nach Österreich, von Berlin in die Schweiz zu handeln, hat man zehn Staaten zu durchschneiden, zehn Zoll- und Mautordnungen zu studieren, zehnmal Durchgangszoll zu bezahlen. Wer aber das Unglück hat, auf einer Grenze zu wohnen, wo drei oder vier Staaten zusammenstoßen, der verlebt sein ganzes Leben mitten unter feindlich gesinnten Zöllnern und Mautnern, der hat kein Vaterland." Erst durch Napoleons Rheinbund, den er den deutschen Staaten aufgezwungen und sie so zu französischen Vasallen degradiert hatte, verbesserte sich die Lage ein wenig, denn es wurden wenigstens innerhalb der Fürstentümer und Königreiche einheitliche Binnenmärkte geschaffen. Was die vielen Währungen und den Geldverkehr überhaupt angeht, waren die Händler vor schier unüberwindbare Probleme gestellt. Mangels werthaltiger Zahlungsmittel seiner Kunden musste Louis Bohne mehrfach komplexe Warentauschgeschäfte organisieren, um seinen Champagner auf Umwegen bezahlt zu bekommen. Die Banken waren damals in der Regel lokale Institute, die ihre Dienste und Kredite lieber Leuten anboten, mit denen sie Hände schütteln konnten, und nur die wenigsten besaßen Korrespondenten im Ausland.

Die Zeitgenossen von damals hatten es mit einem Transport- und Postwesen zu tun, bei dem alles in Zeitlupe ablief und das von seinen Nutzern viel Geduld abverlangte. Die Handlungsreisenden reisten per Postkutsche oder Postpferd, mit denen sie höchstens fünfundzwanzig Kilometer pro

Tag zurücklegen konnten. Die Reise mit der Postkutsche muss eine wahre Tortur gewesen sein. Wie ein Reisender von damals bezeugte, brauchte es dazu eine „gute Leibeskonstitution und christliche Geduld". Die meisten Routen waren in schlechtem Zustand und nur selten gepflastert; die eng nebeneinander sitzenden Passagiere wurden in den Kutschen bei jedem Schlagloch durcheinander gerüttelt, und nicht selten kippte das Gefährt um. Oft mussten die Passagiere aussteigen, um schieben zu helfen oder um die Reise per Fußmarsch fortzusetzen. Außerdem waren sie den als grob und impertinent verrufenen Postillionen auf Gedeih und Verderb ausgeliefert. In alten Reiseberichten wird selten ein gutes Haar an ihnen gelassen. Die Stationen („Posten"), in denen die Pferde gewechselt wurden und in deren wenigen Kammern – oder Pferdeställen – die Fahrgäste übernachten mussten, waren alles andere als gastlich. Die Korrespondenz per Briefpost lief über das von den Fürsten Thurn und Taxis betriebene und von Napoleon ab 1806 wieder zerstückelte Netzwerk der Reichspost[30]. Louis Bohnes Briefe aus St. Petersburg – er schrieb durchschnittlich alle drei Tage einen Brief – traf etwa vier Wochen später bei Georges Kessler in Reims ein. Selbst eine postwendend abgesandte Antwort erreichte Louis Bohne ebenfalls erst nach einem Monat. Der gute Mann musste sich also mindestens zwei Monate gedulden, bis er endlich eine Antwort aus der Zentrale erhielt.

Sobald der neue Jahrgang zur Auslieferung bereit war, verwandelte sich das Büro Georges Kesslers in ein Logistikunternehmen. Es gab ja noch keine Eisenbahn und kaum befestigte Straßen. Pferdefuhrwerke oder Frachtkähne, die mit Segeln ausgestattet waren oder von Pferden gezogen wurden, transportierten die kostbare Ware. Eine Lieferung nach Frankfurt am Main war zwölf Tage unterwegs, nach Düsseldorf dauerte es zwanzig

---

30   Napoleon: „Ich kann es nicht ertragen, dass die Posten der Rheinbundstaaten den Beamten derer von Thurn und Taxis ausgeliefert sind." Nachdem deren Monopol abgeschafft war, gab es allein in Hamburg laut *Jenaer Allgemeine Literatur-Zeitung* im Jahr 1812 „zu gleicher Zeit eine taxische, preussische, dänische und hamburgische Briefpost, dann eine schwedisch-pommerische, mecklenburgische, hannöversche und hamburgische Postwagen-Expedition."

Tage. Und selbst für das nur etwa hundertzwanzig Kilometer entfernte Paris gab der Fuhrunternehmer Mangeot eine Frachtdauer von immerhin noch zehn Tagen an. Die angegebenen Zeiten wurden jedoch nur selten eingehalten, weil Fuhrleute und Kapitäne nicht nur gegen die Unbilden von Wind und Wetter, sondern auch gegen das weitverbreitete Unwesen des Straßenraubs und natürlich gegen die Widrigkeiten des praktisch ununterbrochen herrschenden Krieges[31] anzukämpfen hatten. Die logistischen Schwierigkeiten, mit denen exportabhängige Firmen wie Clicquot oder Moët konfrontiert waren, deren wichtigste Märkte in Russland, Großbritannien oder gar in den Übersee lagen, sind heute kaum mehr vorstellbar. Besonders in der Zeit der Kontinentalsperre[32] von 1806 bis 1814 kann man den Durchhaltewillen der damaligen Unternehmer nur bewundern.

Die Leute, die diese Großtaten möglich machten – und dazu gehörten eben auch Louis Bohne und Georges Kessler – sind heute vergessene Helden, denen man in der Glitzerwelt des Champagners versäumt hat, ein Denkmal zu setzen.

---

31 In seinem 2009 erschienenen Buch *Les habits neufs de Napoléon* („Napoleons neue Kleider") stellt Jacques-Olivier Boudon fest, dass in den napoleonischen Kriegen insgesamt nicht weniger als einhundertvierundsiebzig Schlachten geschlagen wurden.

32 Die *Royal Navy* riegelte die Seewege aus und nach Frankreich ab, Napoleon reagierte mit einer am 21. November 1806 in Berlin verkündeten Sperre des gesamten europäischen Kontinents aller Einfuhren aus Großbritannien.

Reims, im April 1810

Der Champagner und seine Deutschen

Die Keller, in denen der Champagner der Veuve Clicquot erzeugt und gelagert wird, befinden sich im *Établissement du Temple* in der Rue de l'Hôpital. Hier hat auch der neue *Commis* Georg Christian Kessler seinen Arbeitsplatz, ein Stehpult mit abgeschrägter Schreibfläche. Im Büro, der kommerziellen Zentrale des Unternehmens, werden die Bücher geführt, Rechnungen ausgestellt, kommerzielle und legale Dokumente verwaltet und die Korrespondenz mit Kunden, Lieferanten, Handlungsreisenden und Behörden erledigt. Herzstück ist das Kontorbuch, ein kiloschweres und meterbreites Journal, das auf jeder Seite Platz für Hunderte von Einträgen hat. Neben Lohnzahlungen, Ausgaben und Einnahmen werden hier Verweise auf die entsprechende Korrespondenzen festgehalten. Alle Vorgänge müssen auf nummerierten Seiten in chronologischer Reihenfolge eingetragen werden. Lagerbestände und Verkäufe werden ebenfalls in gebundenen Waren- und Lagerbüchern aufgezeichnet, und auch die Briefkopien müssen zu Büchern gebunden werden.

Georg Christians unmittelbarer Vorgesetzter ist der Bürovorsteher Johann Peter Vogt, und dann gibt es noch einen Kontoristen namens Josef

Heinrich Glöcklen. An eine der ersten Lektionen wird sich Georg Christian sein Leben lang erinnern. Als er nämlich eine Frage auf Deutsch stellt – schließlich sind sowohl Vogt als auch Glöcklen Landsleute – wird er von Monsieur Vogt streng belehrt: Dies hier sei eine französische Firma und folglich werde hier am Arbeitsplatz gefälligst Französisch gesprochen! Außerdem sei es hier Usus, alle ausländischen Vornamen in ihrer französischen Form zu gebrauchen. Er selbst wolle als „Monsieur Jean-Pierre" angesprochen werden, und er werde ihn „Georges" nennen. Mit dem neuen Vornamen bricht für Georges nun auch ein neues Zeitalter an.

Aber nicht nur sein Chef Vogt und der Kollege Glöcklen stammen aus Deutschland, sondern auch fast alle Handlungsreisenden der Firma: neben „Charles" Bahnmajer, den er möglicherweise schon in Mainz kennengelernt hatte und der die skandinavischen Länder bereist, sind die Deutschen Karl („Charles") Hartmann in Polen, Heinrich („Henri") Krüthofer in Schlesien, Josef Föhrmann in Österreich, sowie die Messieurs Boldemann in Italien, Christ, Lenhardt und Müller in den deutschen Fürstentümern unterwegs. Keiner dieser Reisenden aber hat im Reimser Champagner-Haus das Gewicht und die Stellung des aus Mannheim stammenden Ludwig („Louis") Bohne, der ursprünglich für England und jetzt für die Märkte in Preußen und Russland zuständig ist. Wo immer er sich auch aufhält – und er ist praktisch permanent in der Ferne – schickt er nicht nur Bestellungen nach Reims, sondern nimmt auch in unzähligen Briefen eifrig und bestimmt Einfluss auf die Geschäftspolitik des Unternehmens – eben wie es sich für einen Mitinhaber gehört.

Bald werden noch weitere deutschstämmige Mitarbeiter eingestellt. Darunter ein ungemein wichtiger Mann, denn als Kellermeister wird er sich zwölf Jahre lang um die Herstellung des exquisiten Champagners der Witwe kümmern. Dieser Philipp Anton („Antoine") von Müller[33] wurde 1788 im schwäbischen Marktflecken Marktoffingen im Donauries gebo-

---

33 Philipp Anton Alois Maximilian von Müller (1788 – 1859). Sein Vater Alois Anton von Müller war Hofrat in Wallerstein und später in Hohenlohe-Schillingsfürst.

ren, das durch die Rheinbundakte von 1806 bayrisch wurde. Der junge Aristokrat aus Deutschland bewegte sich von Anfang an in den besten Kreisen von Reims und unterhielt, wie einer seiner Nachkommen später verriet, derart „intime Beziehungen" zu Barbe Nicole, dass sogar eine Hochzeit in Aussicht stand – wenn „sein Herz nicht von der schönen Elisabeth Ruinart erobert worden wäre". Jünglinge aus deutschen Landen wie Georges Kessler, dann Antoine de Müller und später Édouard Werlé scheinen es der Witwe besonders angetan zu haben. Der berufliche und gesellschaftliche Aufstieg Antoine de Müllers in der Champagnerstadt war nicht aufzuhalten. Nicht nur geht er – zusammen mit Madame Clicquot – als Erfinder des Rüttelpults in die Champagner-Geschichte ein. Auch gründet er 1822, nachdem er den Dienst bei der Witwe quittiert hatte, mit seinem Schwager Auguste Ruinart ein eigenes Haus, De Müller Ruinart. Dort heuert er einen Handlungsreisenden namens Josef Jakob Placid Bollinger an, der ebenfalls aus dem Württembergischen eingewandert war und eines Tages das erste Kapitel der Erfolgsgeschichte einer der berühmtesten Champagnermarken der Welt schreiben wird.

Das Nachbarland übte seine Anziehungskraft also nicht nur auf den jungen Georges Kessler aus. In kaum einer anderen französischen Landschaft hinterließen Einwanderer aus deutschen Landen derart augenfällige und beständige Spuren wie in der Champagne. Davon zeugen so prestigeträchtige Namen wie Heidsieck, Krug, Bollinger, Roederer, Geldermann, Deutz, Mumm, Koch[34] oder Giesler[35]. Der ehemalige Konsularagent der Vereinigten Staaten von Amerika in Reims, Dr. Robert Tomes, schrieb in seinem 1867 veröffentlichten Buch *The Champagne Country*: „Es gibt in der Tat keinen einzigen Weinbetrieb in der ganzen Champagne, der nicht

---

34 Karl („Charles") Koch wurde in Heidelberg geboren und gründete 1820 sein Champagner-Haus in Avize. Es wurde 1966 von der Familie Kupferberg aus Mainz übernommen und stand ab 1979 unter Kontrolle der Racke AG. 1993 wurde es in schlechtem Zustand dem Haus Delbeck überlassen, bevor es nach einem Bankrott an die Firma Champagne Vranken überging.

35 Auch die Familie Taittinger ist deutschen Ursprungs, war jedoch schon Generationen, bevor sie im Jahr 1937 das Champagner-Haus Fourneaux & Forest übernahm, naturalisiert.

mehr oder weniger unter dem Einfluss eines in Deutschland Geborenen steht. Sollte der nominelle Inhaber zufällig ein Franzose sein, so tut er gut daran, einen Partner oder einen Bürochef aus diesem Land zu haben." Und reichlich boshaft fügte er hinzu: „Es gab jedoch ein Champagner-Haus, das ausschließlich von Franzosen kontrolliert wurde. Während meiner Zeit in Reims ging es bankrott, und es wurde allgemein bemerkt, es sei aus Ermangelung eines Deutschen zugrunde gegangen." Die Frage, weshalb damals so viele Deutschen nach Frankreich emigriert sind, kann man nicht generell beantworten. Wirtschaftliche, soziale, kulturelle und politische Gründe, die letztlich alle mit den Umwälzungen der französischen Revolution und dem anschließenden napoleonischen Zeitalter zu tun hatten, waren wohl für die meisten der deutsch-französischen Emigrationen ausschlaggebend. Nicht zu vergessen die Bildungsreise, auf die seit der Mitte des 18. Jahrhunderts viele Bürgersöhne geschickt wurden. Damit übernahm das aufstrebende Bürgertum die Tradition der „Kavalierstour" oder *Grand Tour*, die für junge Aristokraten den Abschluss ihrer Erziehung bildete. Neben der persönlichen Vervollkommnung der jungen Männer hatte die bürgerliche Reise (man nannte sie später auch „kaufmännische Reise") den Zweck, Kenntnisse über gesellschaftliche, kulturelle und wirtschaftliche Gepflogenheiten fremder Länder zu erwerben und Verbindungen zu fernen Verwandten und Geschäftspartnern zu pflegen. Anders als die jungen Franzosen waren ihre deutschen Altersgenossen – vielleicht weil sie in ihrer von Kleinstaaterei geprägten Heimat laufend an irgendwelche Grenzen stießen – von Wanderlust und Fernweh erfüllt. Dank seiner politisch, wirtschaftlich und kulturell beherrschenden Stellung auf dem Kontinent war Frankreich das bevorzugte Ziel, und viele blieben auf ihrer Reise dort hängen.

Warum spielten die jungen Deutschen gerade in der Champagne eine derart herausragende Rolle? Dr. Tomes vermutete, weil die Franzosen zwar „gute Krämer, aber schlechte Händler" seien, weshalb sie auf die in kaufmännischen Angelegenheiten überlegenen Ausländer angewiesen waren. Und, wie er weiter feststellte, weil es „so wenige Franzosen und so viele Deutsche gab, die Fremdsprachenkenntnisse besaßen". Englisch und Deutsch waren damals für das Champagnergeschäft fast wichtiger als Französisch. Im eigenen Land setzte der sich nämlich erst durch, als sein Ruhm aus dem Ausland nach Frankreich zurückstrahlte. Es gibt sogar Stimmen, die zu behaupten wagen, so richtig französisch geworden sei der Champagner erst im zweiten Kaiserreich unter Napoleon III., ja sogar erst in den feucht-fröhlichen Jahren der *Belle Époque*.[36]

Als Georges Kessler 1807 nach Reims kam, waren bereits einige der Champagner-Häuser im Besitz von eingewanderten Deutschen. Eines der renommiertesten gehörte Florenz Ludwig Heidsieck, dem Sohn eines protestantischen Pastors im rheinischen Burgholzhausen. Er hatte sich 1777 als Tuchhändler in Reims niedergelassen, bevor er 1785 eine eigene Firma gründete, die zunächst mit Tuchen und Stoffen handelte, jedoch bald ganz auf den Weinhandel umstieg. Sein offenbar außerordentlich gut entwickelter Geschäftssinn brachte Heidsieck auf die Idee, einen seiner Champagner der Königin Marie-Antoinette[37] zu widmen. Und tatsächlich wurde er nach Versailles befohlen, um ihn ihrer königlichen Hoheit persönlich zu präsentieren. Heidsieck konnte von diesem absatzfördernden Meisterstück allerdings nicht mehr lange profitieren, denn wer vor dem Ausbruch der Revolution von 1789 mit dem *Ancien Régime* zu tun hatte, musste buchstäblich um Kopf und Kragen bangen. Nach dem frühen Tod seines Sohnes Henri-Louis holte er nach und nach seine Neffen[38] aus Deutschland nach Reims. In den folgenden Jahren gab es dann laufend Meinungsverschiedenheiten und Streitigkeiten in der sich immer weiter

---

36 Diese These vertritt Kolleen M. Guy in *When the Champagne became French*, erschienen 2003.

37 Man erzählte sich bei Hofe, die damals übliche offene Tulpenform des Champagner-Glases sei von der Abdruckform inspiriert, die von der königlichen Porzellanmanufaktur in Sèvres von einer Brust der Marie-Antoinettes für ein frivoles *Laiterie*-Tafelservice angefertigt wurde, das ihr Gemahl für das Schloss Rambouillet in Auftrag gegeben hatte.

38 Ludwig Heinrich Walbaum, August Ludwig Delius, Karl-Heinrich und Christian Heidsieck (später stießen noch die Vettern Heinrich Piper, Christian Friedrich Walbaum und Jakob Theodor Kunkelmann hinzu).

verzweigenden Familie, was letztlich dazu führte, dass heute drei Champagner-Häuser von Rang „Heidsieck" im Firmenamen führen: Charles Heidsieck, Piper-Heidsieck und Heidsieck-Monopole.

Andere deutsche Namensgeber berühmter Marken kamen erst nach dem Sturz Napoleons nach Frankreich. So die Gebrüder Jacobus, Gottlieb und Philipp Mumm[39], die Söhne eines reichen Bankiers aus Solingen, der in der Gegend von Köln Weinberge besaß und 1761 dort einen Weinhandel mit einer Filiale in Frankfurt eröffnete. Die Brüder, die alle Weinhändler von Beruf waren, beschlossen 1827, in die Champagne auszuwandern, um dort Schaumwein herzustellen und ins Ausland zu verkaufen. Nach dem Ersten Weltkrieg wurden die Mumms, die es versäumt hatten, rechtzeitig die französische Staatsbürgerschaft anzunehmen, enteignet. Sie zogen sich nach Deutschland zurück und gründeten in Frankfurt am Main das Sekthaus Mumm & Co, das mit dem in Reims ansässigen Stammhaus G. H. Mumm & Co nicht mehr verbunden ist.

Um das Jahr 1815 zog es den fünfzehnjährigen, im damals französischen Mainz geborenen Johann-Josef Krug nach Reims. 1834 trat er bei Jacquesson & Fils in Châlons-sur-Marne[40] ein. Seine außerordentliche Begabung für die Zusammenstellung exquisiter *Cuvées* brachte ihn in kürzester Zeit an die Spitze des Hauses. Knapp zehn Jahre später gründete er in Reims ein eigenes Weinhandelsgeschäft und vermarktete seine Produkte unter der Marke *Champagne Krug*. Krug exportierte vor allem nach England, dem Heimatland seiner Frau Emma, und Deutschland. Einer seiner Nachfahren kam auf die Idee, die Exklusivität der Marke dadurch noch zu unterstreichen, indem er die kostbare Ware in *Rolls-Royce*-Limousinen auslieferte, die zu Lieferwagen umgebaut waren.

Im Jahr 1822 kam Josef Jakob Placid Bollinger, der 1803 in der soeben

---

39 Ihre Firma P. A. Mumm, Giesler & Co., die sie mit den deutschen Kaufleuten Friedrich Giesler und G. Heuser in Reims eröffneten, bestand nur bis 1852, hatte dann zwei Nachfolgefirmen, von denen nur das einst von Gottliebs Sohn geleitete Haus G. H. Mumm & Co. heute noch besteht.

40 Heute: Châlons-en-Champagne.

neuwürttembergisch gewordenen Stadt und Fürstprobstei Ellwangen geboren wurde, nach Reims. Sein Vater Josef Jakob Bonifaz Bollinger, von Haus aus Jurist, wirkte viele Jahre lang als Oberamtmann in Horb am Neckar, seine adelige Mutter Johanna Nepomucena war eine Tochter des Ellwanger Regierungschefs Fidelis Baur von Breitenfeld[41]. Wie schon berichtet, stellte De Müller Ruinart den Neunzehnjährigen als Handlungsreisenden für Bayern, Hannover, Württemberg und Holland ein. Über seine Erfolge als Weinhändler waren seine beiden Patrons Antoine de Müller und Auguste Ruinart hoch erfreut. Deshalb liessen sie ihn nur ungern ziehen, als er 1829 seinen Abschied nahm, um sich zusammen mit Paul Renaudin im benachbarten Aÿ mit der Weinhandelsfirma Renaudin, Bollinger & Co selbständig zu machen. Das Sagen hatte allerdings der Dritte im Bunde, der Kontreadmiral Athanase Hennequin Comte de Villermont. Der Graf besaß einige Weinberge und eine Champagnerproduktion, aber sein Adelsstand verwehrte ihm, Handel zu treiben. So verbarg er sich ungenannt hinter dem „Co" und überließ das – im Übrigen sehr erfolgreiche – Geschäftemachen den beiden Namensgebern. Durch die Heirat mit Villermonts Tochter Charlotte wurde Bollinger 1827 sogar Mitglied der gräflichen Familie. Dem damaligen Brauch folgend hängte er den Mädchennamen seiner Ehefrau an seinen eigenen Namen an, französisierte den Vornamen und wurde so als Jacques Bollinger de Villermont bekannt.

Dann sei hier ein weiterer Württemberger erwähnt, der in Stuttgart geborene Rudolf Alwin Schlumberger. Er kam 1835 nach dem Tod seines Vaters als Einundzwanzigjähriger nach Reims, um als Handlungsreisender für das Champagner-Haus Van der Veken tätig zu werden. Er wechselte aber bald zu De Müller Ruinart und dann ins älteste Haus am Platz, Ruinart Père & Fils, wo er in kurzer Zeit zum Prokuristen und Betriebs-

---

41 Geheimer Rat, Hofkanzler und Lehenprobst Johann Fidelis Baur von Breitenfeld (1729 – 1808). Josef Jakob Placid Bollinger ist somit ein Vetter des Generals, württembergischen Kriegsministers und Mitglieds der Württembergischen Landstände, Fidel Karl von Baur-Breitenfeld (1805 – 1882).

leiter aufstieg. 1842 ließ er jedoch in Reims alles stehen und liegen, um nach Wien umzusiedeln, weil seine Geliebte Sophie Kirchner lieber in ihrer österreichischen Heimat bleiben wollte. Dort eröffnete er noch im selben Jahr[42] Österreichs erstes Schaumweinhaus[43], in dem der Sekt auch heute noch nach der traditionellen Methode der Champagne hergestellt wird.

William Deutz und Peter Josef Hubert Geldermann aus Aachen wurden 1830 von einem Rittergutsbesitzer nach Frankreich entsandt, um dort für ihn Wein einzukaufen. Begeistert und fasziniert von Landschaft und Lebensart, beschlossen die beiden jungen Männer acht Jahre später, sich in Aÿ mit einer eigenen Champagnerproduktion niederzulassen. Deutz brachte sieben Jahre Erfahrung bei J. Bollinger ein, Geldermann das notwendige Kapital. Die beiden konzentrierten sich von Anfang an und mit großem Erfolg auf den deutschen, englischen und russischen Markt. Als die Einfuhren nach Deutschland durch hohe Zölle erschwert wurden, gründeten sie eine Niederlassung im elsässischen Haguenau, das damals zum Deutschen Reich gehörte. Nach dem Ersten Weltkrieg, als das Elsaß wieder französisch wurde, zog diese Filiale an ihren endgültigen Standort nach Breisach in Baden um. Die Kapitalverflechtung zwischen den beiden Häusern in Frankreich und Deutschland wurde in dieser Zeit ebenfalls aufgelöst, und die beiden Firmen gingen fortan getrennte Wege, in Frankreich unter der Marke Deutz, in Deutschland unter der Marke Geldermann.

Je erfolgreicher die Champagner-Deutschen wurden, desto mehr versuchten sie, das Teutonische ihrer Herkunft zu kaschieren. Sie änderten ihre Vornamen ins französisches Pendant und französierten die Aussprache ihrer Nachnamen. Sie nahmen so schnell wie möglich die französische Staatsbürgerschaft an. Und sie vermählten sich fast ausnahmslos

---

42 Das Jahr 1842 war das Todesjahr seines schwäbischen Landsmanns Georg Christian Kessler, der sechzehn Jahre zuvor die erste Sektkellerei Deutschlands in Esslingen gegründet hatte.
43 Das Unternehmen gehört seit 1973 zur Underberg-Gruppe in Rheinberg.

mit französischen Ehepartnern – bevorzugt aus Aristokratie und Großbürgertum – und gingen mit ihren Familien über kurz oder lang ganz in der neuen Heimat auf. In den zahlreichen Konflikten mit dem Nachbarn im Osten hielten sie stets loyal zu Frankreich und intervenierten regelmäßig in Belangen ihrer französischen Mitbürger bei den Deutschen. Kaum einer aber erreichte als Neufranzose einen solchen Stand wie der 1821 aus dem hessischen Wetzlar eingewanderte Matthias Eduard Werler. Er sollte nicht nur Besitzer eines namhaften Champagner-Hauses werden, sondern auch sechzehn Jahre als Bürgermeister von Reims dienen und sogar als Deputierter in die gesetzgebende Versammlung in Paris einziehen. Über diesen Herrn wird in einem späteren Kapitel ausführlicher zu berichten sein, denn sein Auftreten in Reims wird dem Leben des Georg Christian Kessler eine folgenschwere Wendung geben.

Georges Kessler hatte ebenfalls vor, sich für den Rest seines Lebens in Frankreich niederzulassen. Diesen Entschluss hatte er spätestens gefasst, als er 1819 – in klassischer Manier der Champagner-Deutschen – eine Französin aus einer der angesehensten Familien seiner neuen Heimat zur Frau nahm. Wäre es gelaufen, wie Barbe Nicole Clicquot es an jenem Dezemberabend im Jahr 1821 feierlich verkündet hatte, hätte Kessler sich zu den Heidsiecks, Mumms, Krugs, Kochs, Deutzens, Geldermanns, Roederers und den anderen eminenten Champagner-Deutschen gesellt. Die Firma Veuve Clicquot-Ponsardin & Cie, die Mitte 1824 auf ihn hätte übergehen sollen, wäre mit Sicherheit unter Kesslers Namen und wahrscheinlich ganz ohne den der Witwe weitergeführt worden. Sie hatte ja – wie im schon ersten Kapitel angedeutet – allem Anschein nach vor, aus den Niederungen des profanen Geschäftslebens in die mondänen Höhen einer ehrenwerten Stammmutter aufzusteigen, die auf ihren Gütern eine sich rasch mehrende Adelsfamilie um sich schart.

Dass Georges Kesslers Leben schließlich eine ganz andere Wendung nahm, als er selbst und alle Menschen um ihn herum damals geglaubt hatten, hat Ursachen, auf die wir in einem späteren Kapitel eingehend zu sprechen kommen werden. Zunächst jedoch gilt es, die außerordentliche Karriere dieses jungen Deutschen nachzuzeichnen, der sich aus kleinsten Anfängen in der Schreibstube eines betriebsamen Weinhandelsgeschäfts in Reims zum Prokuristen, Direktor und Gesellschafter hocharbeitete und an dessen Aufstieg zum sicherlich berühmtesten Champagner-Haus der damaligen Welt er entscheidend mitwirkte.

Reims, im Juli 1810

Vom Commis zum Teilhaber

Im Juli 1810 ist Georges Kessler seit drei Jahren in Reims. Obwohl er nach wie vor am selben Schreibpult im selben Büro im selben Haus arbeitet, hat er in Wirklichkeit die Firma gewechselt. Da Jérôme Alexandre Fourneaux ausgeschieden ist, heißt die neue Firma nun nur noch Veuve Clicquot-Ponsardin & Cie. Auch der Bürochef Vogt hat das Unternehmen verlassen, um als Teilhaber in eine Stoffhandlung in Reims einzusteigen. Madame Clicquot steht jetzt zum ersten Mal allein an der Spitze der Firma. Zwar bleibt Louis Bohne weiterhin Teilhaber, ist aber ständig auf Reisen. Obwohl Barbe Nicole eine der emanzipiertesten und selbstbewusstesten Frauen ihrer Zeit ist, die innerhalb wie außerhalb der Firma großen Respekt, ja Bewunderung genießt, ist ihr doch bewusst, dass es in dieser Branche ohne einen Mann in verantwortlicher Position kaum gehen wird. Und sie hat auch schon entschieden, wer dieser Mann ist: Georges Kessler.

Es ging tatsächlich schnell aufwärts mit dem jungen Kessler. Schon sechs Monate nach seinem Eintritt als Kontorist im Juli 1807 und nachdem nicht einmal die Hälfte der vereinbarten Probezeit vorüber war, erhöhte die Witwe seine Bezüge von ursprünglich fünfhundert auf acht-hundert Livres jährlich. Diese Gehaltserhöhung kam nicht von ungefähr. Denn zum einen musste er ab Januar 1808 zusätzlich die Arbeitslast des Kollegen Glöcklen übernehmen, der entlassen worden war, weil der sich an der Firmenkasse vergriffen hatte. Und zum anderen hatte er nun die alleinige Verantwortung für den gesamten Schriftverkehr der Firma, den er mit schwungvoller Feder und ganz im Geiste des väterlichen Pamphlets über die Schreibkultur erledigte. So verfasste er zum Beispiel alle Briefe mit den Anweisungen der Zentrale an die Reisenden und kopierte diese Briefe vor dem Versand ins Ausgangsbuch. Nur wenige Monate später wurde sein Gehalt erneut um zweihundert auf nunmehr tausend Livres *per anno* angehoben. Damit war er schon zehn Monate nach seinem Eintritt der bestbezahlte Angestellte der Firma. Nur Louis Bohne und Jean-Pierre Vogt – der eine als stiller Teilhaber, der andere als am Umsatz Beteiligter – verdienten mehr.

Da die gesamte Korrespondenz über sein Pult läuft, und zwar sowohl die eingehende als auch die ausgehende, weiß er über alle kommerziellen Vorgänge des Unternehmens genau so gut Bescheid wie Monsieur Alex-andre und Madame Barbe Nicole. So ist es seine Beförderung zum Proku-risten kaum überraschend. Dennoch regen sich in Reims böse Zungen, die munkeln, der fesche Deutsche habe etwas mit der Witwe, und das sei der Grund für seinen raschen Aufstieg. In Kesslers späteren Aufzeichnungen ist nicht der geringste Hinweis auf eine Affäre zu finden. Weniger diskret geht es dagegen in einigen Büchern über Barbe Nicole zu, wo heftig ge-mutmaßt wird, ihr Vertrauen in Georges Kessler sei wohl deshalb so blind gewesen, weil Liebe eben blind mache. Wie es denn auch gewesen sein mag, eines ist sicher: Ohne Billigung ihres fernen Geschäftspartners Louis Bohne sowie ihres Vaters, auf dessen Rat sie in wichtigen Dingen niemals verzichtete, hätte Kessler diese Vertrauensposition sicher nicht erhalten. Am Abend des 20. Juli 1810 schreibt der frisch ernannte Prokurist einen Brief an den Vater in Heilbronn, in dem er voller Stolz von seiner Promotion berichtet und ihm nochmals von Herzen dankt, dass der vor neun Jahren nicht darauf bestanden hatte, ihn in eine Silberarbeiterlehre zu stecken. Als Prokurist und effektive Nummer zwei des Reimser Betriebs erweiterte sich sein Aufgabenbereich nun erheblich. Er war nun auch für die Administration der Kellerei und den Einkauf der Weine zuständig. Dazu musste er sich schnellstens mit dem komplexen Produktions-

GEORG CHRISTIAN
VON KESSLER
*30. MÄRZ 1787
†16. DEZEMBER 1842

verfahren vertraut machen. Wichtiger noch: Seine neue Stellung brachte es mit sich, dass er nun in die letzten, am strengsten gehüteten Geheimnisse der Champagnerherstellung eingeweiht wurde. Dieses wertvolle Wissen nimmt er Jahre später in die alte Heimat mit und lässt es einst in seinen *Esslinger Champagner* einfließen. Greifen wir aber nicht vor, denn noch wird er mehr als ein Jahrzehnt lang in verantwortungsvoller Position in Reims tätig sein.

Georges Kesslers großer Lehrmeister in den letzten drei Jahren war Jérôme Alexandre Fourneaux. Er brachte ihm alles über die Sitten und Gebräuche des dortigen Weingeschäfts bei. Anders als im Burgund oder im Bordelais, wo der Wein in Fässern oder Flaschen und mit dem Etikett der Winzer versehen entweder direkt von den Gütern oder über Weinhändler verkauft wurde, waren es in der Champagne in erster Linie Handelshäuser, die den von Winzern eingekauften Wein unter ihren eigenen Namen vermarkteten. Die Champagner-Häuser waren also keine reinen landwirtschaftlichen Betriebe wie diejenigen der Weingärtner, sondern zusätzlich auch Herstellungs- und Vermarktungsbetriebe, selbst wenn sie – wie die Familie der Witwe in Bouzy, Verzenay und Verzy – eigene Weinberge besaßen. Die Champagner-Häuser kauften den Wein in der Regel als Trauben ein, aber auch als Fasswein und manchmal als schon vergorenen Schaumwein. In ihren Kellereien wurde dann nach eigenen Rezepten der haustypische Champagner elaboriert und schließlich unter der Marke des Hauses auf den Markt gebracht.

Vor der Revolution waren die Weinberge der Champagne hauptsächlich im Besitz von Klöstern. Sie wurden den besten Winzern und Önologen ihrer Zeit bewirtschaftet, von den Mönchen, deren berühmtester der Benediktinermönch Dom Pérignon war. Man schreibt ihm zwar zu Unrecht die Erfindung des Champagners zu, seinen Platz in der Geschichte hat er dennoch verdient, weil er auf vielfache Weise die Herstellung verbesserte. Am 2. November 1789, dreieinhalb Monate nach Ausbruch der Revolution, änderte sich alles. An diesem Tag beschloss die Konstituante in Paris die Enteignung des Kirchenbesitzes. Mit den Erlösen aus dem anschließenden Verkauf der nunmehrigen Nationalgüter sollten die Staatsschulden getilgt werden, die das Ancien Régime der jungen französischen Republik hinterlassen hatte. Die konfiszierten Weingüter der Champagne wurden in mehr als eine Viertel Million winziger Parzellen zerlegt und nach und nach veräußert. So entstanden mehr als fünfzehntausend Weingüter mit einer durchschnittlichen Anbaufläche von nur eineinhalb

Hektar. Dass damals nur etwa zehn Prozent der Rebfläche in den Besitz der großen Champagner-Häuser kam, hatte einen einfachen Grund: Man hatte kein Interesse, selbst Wein anzubauen; das sollte den Weinbauern überlassen bleiben. An dieser Fraktionierung hat sich übrigens bis heute nichts geändert[44]; noch immer sind mehr als neunzig Prozent der gesamten Anbaufläche im Besitz von Legionen unabhängiger Winzer.

Während die Witwe sich vornehmlich um die Angelegenheiten in ihren Weinbergen kümmert, liegt der Einkauf der Weine, der bisher zu den Aufgaben Alexandre Fourneaux gehörte, nun also bei Georges. Er muss mit den bodenständigen Winzern verhandeln – keine einfache Aufgabe. Man stelle sich vor: Ein Ausländer von dreiundzwanzig Jahren, erst seit drei Jahren im Weingeschäft und ohne den Status des Alteingesessenen – so einer will von den Winzern für voll genommen werden? Und die ehrbaren Konkurrenten der anderen Häuser nicht zu vergessen, die in den Weindörfern aufkreuzen und ebenfalls hinter den besten Weinen her sind. Kompromisse, was die Qualität der eingekauften Weine angeht, kann er sich nicht erlauben, denn im Hause Clicquot gilt nach wie vor die Maxime, die François Clicquot einst vorgegeben hatte: Qualität geht vor Quantität.

Doch insgesamt gehen die Geschäfte bei Veuve Clicquot alles andere als gut. Bei Georges treffen nur schlechte Nachrichten ein. „Man macht sich keine Vorstellung von der allgemeinen Misere", schreibt Louis Bohne in einem Brief vom Juli 1811 aus Österreich. „In Tyrol haben sie mir versichert, ich gehörte dafür aufgehängt, dass ich es wage, ihnen ein Luxusprodukt wie meines anzubieten, nach all dem Bösen, was der Franzos' unsrem Land angetan hat." Auch aus Holland berichtet er nichts Gutes: „Ich biete an, ich überrede, ich senke die Preise. Am Ende bedränge ich die Kunden. Es ist, als täte ich überhaupt nichts, und ich kann froh sein, wenn man mich in den Grenzen der gewöhnlichen Höflichkeit behandelt." In

---

44 Das Haus Veuve Clicquot-Ponsardin besitzt heute mit 382 Hektar die zweitgrößte Rebfläche der Champagne, was jedoch nur gerade 1,2 Prozent der Gesamtfläche von ca. 32 000 Hektar entspricht.

diesem Jahr 1811 gibt es dennoch einen Silberstreif am Himmel, einen mit bloßem Auge sichtbaren sogar: den *Großen Kometen*. Er beherrscht das Jahr, in dem es eine der besten Weinernten in der Champagne geben wird. Das exzellente Produkt dieses Jahrgangs gilt als einer der Wegbereiter des weltweiten Erfolgs des Champagners. Bei einigen der Marken – darunter Veuve Clicquot, Heidsieck, Mumm, Pommery und Moët & Chandon – findet man das Kometensymbol auch heute noch auf Etiketten oder Korken.

In den folgenden Jahren erleiden die Häuser Rückschläge, die nichts mit der Qualität und Popularität ihrer Produkte, wohl aber mit ihrer Vermarktungsstrategie zu tun haben. Da das revolutionäre und später das napoleonische Frankreich wegen der hohen Steuerlast und dem ständigen Kriegszustand kein besonders lukrativer Markt war, verlegten sich fast alle Champagner-Häuser von Rang darauf, ihre Produkte ins Ausland zu exportieren. Vornehmlich waren das Länder, die mit Frankreich paktierten oder von den Franzosen besetzt worden waren. In den vielen Kriegsjahren dehnten sich die Märkte im Marschtritt der Soldaten ständig aus. Die Champagner-Reisenden bildeten so etwas wie die Nachhut der siegreichen Armeen, wobei sie sich von den Schlachtfeldern fern hielten, aber stets zur Stelle waren, wenn die Schlächterei ein Ende hatte und der Sieg mit Champagner begossen werden wollte.

Dann kam im Jahr 1812 der fatale Russlandfeldzug. Der Gestellungsbefehl aus Heilbronn, der gegen Ende des Jahres 1811 in Reims eintraf, erinnerte Georges Kessler unmißverständlich daran, dass er immer noch württembergischer Untertan und somit „militairpflichtig" war. Der von Napoleons Gnaden zum König erhobene Friedrich I. hatte sich im Gegenzug verpflichten müssen, dem Franzosenkaiser für dessen permanente Waffengänge Truppen zu stellen, und die wurden auf Grundlage der 1809 verschärften Militär-Konskriptionsordnung gnadenlos ausgehoben. Kessler wusste, was Fahnenflüchtigen blühte und reiste resigniert in die Heimat ab. Sein Schicksal schien besiegelt zu sein, denn als Soldat wäre er in den sicheren Tod marschiert – und zwar ausgerechnet in dem Land, das ihm bisher lediglich als attraktivster Absatzmarkt für Champagnerweine bekannt war. Seine Aussichten, zu dem Häuflein von etwa dreihundert Heimkehrern zu gehören, das nach achtzehn Monaten vom ursprünglich über fünfzehntausend Mann starken württembergischen Truppenkontingent übriggeblieben war, waren in der Tat gering. Aber er hatte großes Glück, denn die Militärkommission musterte ihn als untauglich aus und entließ ihn zurück nach Frankreich. Womöglich hatte er aber auch einen einflussreichen Fürsprecher, für den er als Prokurist in der noch jungen Firma Clicquot unabkömmlicher war denn als Infantrist unter der Fahne: Sein Kollege Louis Bohne. Der war nämlich seit Juli 1810 mit der Tochter eines hohen württembergischen Staatsbeamten, des Legationsrats und späteren Gesandten in Sachsen, Carl Heinrich von Rheinwald, verheiratet. Und es kann sein, dass dieser auf Bitten seines Schwiegersohnes an höherer Stelle ein Wort für Kessler eingelegt hatte.

Die vernichtende Niederlage der *Grande Armée* an der Beresina läutete den Anfang vom Ende der Frankreichs Vorherrschaft auf dem Kontinent ein. Mit den zurückweichenden Truppen schrumpften die von Napoleons Generälen einst auch zum Wohl der französischen Exportwirtschaft eroberten Märkte wieder zusammen. Zar Alexander I., an dessen Petersburger Hof der Champagner in Strömen floss wie nirgendwo anders, verhängte ein Embargo gegen Waren aus dem feindlichen Frankreich. Besonders perfide war das strikte Einfuhrverbot von Wein in Flaschen, eine gezielte Maßnahme gegen den Schaumwein aus der Champagne, den es ja ausschließlich in Flaschen gab.

Es waren also wieder einmal schlechte Zeiten angebrochen. Nicht nur brachen die Auslandsmärkte nach und nach weg. Auch die Champagne, wegen ihrer vergleichsweise unbedeutenden strategischen Lage bis dahin von Kriegshandlungen einigermaßen verschont, wurde nun Schauplatz von unablässig zurückweichenden oder voranstürmenden Truppen der Kriegsparteien. In den ersten Februarwochen des Jahres 1814 nahmen Kosaken, Preußen und Russen auf dem Rückzug die Stadt ein. Am 14. Februar kampierte der Preußengeneral Ludwig Yorck von Wartenberg, der noch zwei Jahre zuvor mit Napoleons *Grande Armée* in Russland gekämpft hatte, mit fünfzehntausend Mann vor der Kathedrale. Am 6. März wurde Reims von den Franzosen zurückerobert. Am 13. März zog der Kaiser in die Stadt ein, verließ sie jedoch drei Tage später wieder bei Nacht und Nebel, um sich vor den erneut anrückenden russischen und preußischen Truppen in Sicherheit zu bringen. Der Baron Ponsardin, in dessen Palais er eigentlich standesgemäß hätte empfangen und beherbergt werden sollen, hatte sich „in dringenden Angelegenheiten" nach Le Mans absentiert und die *Honneurs* seinem Sohn Jean-Baptiste, Barbe Nicoles Bruder, überlassen. Er schien nicht mehr viel auf den Kaiser zu geben, der ihn noch im Jahr zuvor in den Adelstand erhoben hatte. Ab dem 19. März war Reims endgültig eine besetzte Stadt, und am 6. April dankte Napoleon ab.

Die einrückende Soldateska wusste natürlich, welche Schätze sich in den Kellern von Reims, Épernay, Aÿ, Chalons und Umgebung verbargen, und sie plünderten, was das Zeug hielt. Die Witwe hatte zwar die Keller teilweise zumauern lassen. Aber auch sie kam um Kontributionen nicht herum. Sie musste mit ansehen, wie die russischen Besatzungsoffiziere sich ungeniert in ihrem Keller bedienten, nahm es aber philosophisch: „Man lasse sie machen. Sie trinken, sie werden bezahlen." Wenn sie wieder daheim seien, so räsonierte sie, werden sie auf den Trunk, den sie hier entdeckt und genossen haben, nicht mehr verzichten wollen[45]. Der russische Stadtkommandant, Prinz Sergei Alexandrowitch Wolkonski, sorgte allerdings dafür, dass die Exzesse nicht allzu sehr ausarteten. „Ich habe Order von Zar Alexander, dass auf der Stadt Reims keinerlei Art von Requisitionen lasten darf!" Der Zar hielt seine schützende Hand über die Stadt, wahrscheinlich aus rein egoistischen Motiven, denn der Nachschub für

---

45 Jean-Rémy Moët dachte nicht anders: „Alle die Soldaten, die mich heute ruinieren, werden mir morgen helfen, ein Vermögen zu machen. Ich lasse sie trinken, soviel sie wollen. Sie werden ihr Leben lang süchtig sein und meine besten Verkäufer werden, wenn sie wieder zurück in ihr Land gehen."

die sichtlich schwindenden Champagner-Vorräte in seinen Weinkellern in St. Petersburg lag ihm doch sehr am Herzen.

In Paris saßen die Bourbonen wieder auf dem Thron, und König Ludwig XVIII. schlug die Begeisterung derselben Massen entgegen, die soeben noch dem Kaiser zugejubelt hatten. In Wien tagte, tafelte und tanzte der Kongress. Statt der Kanonen knallten nun die Champagnerkorken, denn der nun endlich ausgebrochene Frieden musste natürlich ordentlich gefeiert werden. Aber keiner wusste so recht, was nun aus Frankreich werden würde. Es saß beim Wiener Kongress ja eigentlich auf der Strafbank. Dass der habile Außenminister Talleyrand die Siegermächte diplomatisch ausmanövrierte und ihnen praktisch die Friedensbedingungen diktierte, hatte sich in Frankreich noch nicht herumgesprochen. Die Händler hatten keine Ahnung, ob und wohin französische Waren jetzt wieder ausgeführt werden durften. Die Nachfrage nach Champagner aber schoss – nicht zuletzt wegen der vielen Friedensfeiern – in die Höhe. Auch drängten Louis Bohnes Kunden in Russland, die in den letzten Jahren zwangsweise auf dem Trockenen saßen, auf Lieferung. Die Seeblockade, ein wichtiges Pfund in der britischen Verhandlungsmasse in Wien, war aber noch immer nicht aufgehoben. Und die Russen hatten das Einfuhrverbot für französischen Flaschenwein ebenfalls noch nicht abgeschafft.

Dass diese Handelshindernisse fallen würden, war nur eine Frage der Zeit. Madame Clicquot hatte jedoch nicht vor, geduldig abzuwarten, bis es endlich so weit war. Sie sah in der nicht gerade rosigen Lage sogar eine riesige Chance und entschloss sich zu einem waghalsigen Unternehmen: Sie wollte, Seeblockade hin, Einfuhrverbot her, schnellstens eine Schiffsladung ihres Champagners nach Russland verschicken. Dazu ließ sie den holländischen Kutter *Zes Gebroeders*, der in Rouen vor Anker lag, anheuern. Im Frachtbrief wurde als Zielhafen nicht St. Petersburg, sondern Königsberg vermerkt. Dort, so der Plan, sollte das Schiff die Aufhebung der russischen Einfuhrsperre abwarten und dann schleunigst nach St. Petersburg weitersegeln. Damit würde sich das Haus Veuve Clicquot-Ponsardin einen profitablen Vorsprung vor den Konkurrenten in Reims und Épernay verschaffen, die auf die Neuigkeiten erst mit Verspätung reagieren könnten. Am 4. Juni 1814 sticht die *Zes Gebroeders* mit einer Fracht von „sieben und dreissig Kisten enthaltend Zweitausend ein hundert und neunzig Bouteillen Champagner Wein, ein Fass gehend für 200 Bouteillen, alle trocken und wohl conditionirt" – so der Frachtbrief[46] – in See. Als Begleiter der kostbaren Fracht ist auch Louis Bohne mit an Bord. Er will schnellstens wieder in St. Petersburg vor Ort sein und die vor Jahren geknüpften Verbindungen wieder aufleben lassen. Die Aussichten auf beste Geschäfte in der Zarenmetropole machen ihm die beschwerliche Überfahrt auf dem nur knapp fünfundzwanzig Meter langen und für mitreisende Passagiere gar nicht ausgerüsteten Schiff erträglich. Die fürsorgliche Witwe hat ihm zudem eine sechsbändige Ausgabe des *Don Quichotte* und eine Reserve besten Cognacs mit auf die Reise gegeben. Der holländische Kapitän Cornelis Sweers ist ein ebenso mutiger wie erfahrener Seemann, der den Patrouillen der *Royal Navy* geschickt ausweicht und am 3. Juli wohlbehalten das Etappenziel Königsberg erreicht. Dort nutzt Bohne die Gunst der Stunde und verkauft einen Teil der Ware, um mit den Einnahmen die Frachtkosten zu begleichen. Als ihn die Nachricht von der Öffnung der russischen Grenze erreicht, reist er mit dem Rest der Ware sofort weiter nach St. Petersburg. Am 2. August berichtet er triumphierend nach Reims: „Es ist vollbracht! Ich habe keine einzige Flasche mehr, alles ist verkauft..."

Mit diesem Husarenstück schaffte das Haus Veuve Clicquot endgültig den Durchbruch. Von nun an ging es Jahr für Jahr aufwärts, und Russland sollte bis in die siebziger Jahre des 19. Jahrhunderts der mit Abstand größte Absatzmarkt für die Weine der Witwe sein. Bis zu achtzig Prozent der Produktion wurden hier abgesetzt. Das jahrelange Beackern durch

---

46 Bisherige Veröffentlichungen sprechen stets von zehntausendfünfhundertfünfzig Bouteillen, obwohl im – ganz in deutscher Sprache verfassten – Frachtbrief nur von knapp einem Viertel dieser Menge die Rede ist.

Louis Bohne trug nun Früchte, und zwar weit über das erhoffte Ausmaß hinaus. Die ehrbaren Kaufleute von Reims mussten sich zwar nach Napoleons überraschender Rückkehr aus der Verbannung auf Elba im März 1814 erneut Sorgen machen, denn seine Machtergreifung bedeutete unweigerlich Krieg mit der Koalition. Doch nach hundert Tagen machten der Brite Wellington und der Preuße Blücher[47] dem Spuk mit ihrem glorreichen Sieg bei Waterloo ein Ende. Napoleon gab am 22. Juni zum zweiten Mal auf, und am 8. Juli kehrte der ins belgische Gent geflüchtete Bourbonenkönig Ludwig XVIII. wieder auf den Thron zurück. Nach zwanzig Jahren, in denen die Kriegswirren der napoleonischen Epoche Handel und Wandel erschwerten, kündigten sich nun goldene Zeiten für die Wirtschaft des Landes an. Die Geschäfte des Hauses Veuve Clicquot-Ponsardin entwickelten sich prächtig: von rund fünfunddreißigtausend Flaschen im Jahr 1813 stieg der Absatz um das Achtfache auf mehr als zweihundertsiebzigtausend Flaschen im Jahr 1821.

Und Georges Kessler? Was war seine Rolle in den aufregenden Jahren 1814 und 1815? Er habe während der Besatzungszeit dem Haus Clicquot, aber auch der Stadt Reims durch seine Interventionen bei den Verbündeten „nicht unwesentliche Dienste" geleistet, heißt es. Genaueres ist nicht überliefert. Vor allem ist nicht festgehalten, in wie weit er an den Vorbereitungen und an der Durchführung des russischen Abenteuers beteiligt gewesen war. Die Biographen der Witwe jedenfalls verlieren kein Wort darüber. Dabei gibt es einen deutlichen und untrüglichen Hinweis, dass – und wie sehr – Barbe Nicole sich ihm gegenüber zu Dankbarkeit verpflichtet fühlte: Am Ende dieses so erfolgreichen und verheißungsvollen Jahres 1814 bot sie ihm nämlich die Teilhaberschaft an ihrer Firma an. Seine Verdienste schienen also nicht von geringem Gewicht gewesen zu sein. Am 1. Januar 1815 stieg Georges Kessler zum *Associé*, zum Teilhaber,

---

47 Der preußische Generalfeldmarschall Gebhard Leberecht von Blücher (1742 – 1819), bestand darauf, dass seiner Armee stets ein mit feinstem Champagner beladener Pferdewagen zu seiner persönlichen Verfügung folgte.

auf. Und – wie schon bei seiner Beförderung zum Prokuristen vor fünf Jahren – auch diesmal mit dem Segen des Vaters und sicherlich auch mit dem Einverständnis von Louis Bohne.

Mit achtundzwanzig Jahren war Georges Kessler das, was man „arriviert" nennt. Er war nun Mitbesitzer eines der bedeutendsten Unternehmen in Reims geworden, in das er vor siebeneinhalb Jahren als kleiner Kontorist eingetreten war. In den folgenden Jahren leitete er mit Barbe Nicole zusammen ein gut gehendes Unternehmen, dessen stürmisches Wachstum sogar noch gebremst werden musste, weil der Wein ständig so knapp war. In diesen sechs Jahren müssen sich Barbe-Nicole und Georges bestens verstanden haben, denn Ende 1821 bestimmt ihn die Witwe zu ihrem künftigen Nachfolger. Doch so sehr er sich darüber freut und so stolz er darüber ist, so nachdenklich macht ihn diese Ankündigung. Als alleiniger Inhaber wird er das alleinige Risiko tragen müssen. Die vergangenen fünfzehn Jahre haben ihn jedoch gelehrt, wie abhängig dieses Geschäft doch vom politischen Geschehen und der allgemeinen wirtschaftlichen Lage ist. Im Gegensatz zur Witwe fehlen ihm von Haus aus die finanziellen Mittel, mit denen Krisen überstanden und Flauten überbrückt werden können.

Georges Kessler macht sich Sorgen und denkt über die Zukunft nach. Die Hochstimmung über das großartige Geschäftsergebnis des Jahres 1821 hält in der Tat nicht sehr lange an. Die Verkaufszahlen gehen langsam, aber sicher zurück. Der „Weiße Terror" nach dem Untergang des Kaiserreichs, die Konfrontation von Ultras und Liberalen, die sich zunehmend verschärfende Reaktion und der nach Napoleons Tod im Mai 1821 wieder auflebende Bonapartismus sorgen für Unruhe im Land. Frankreich hat sich wirtschaftlich noch längst nicht erholt, und die harten Reparationsforderungen[48] der Alliierten verschlimmern die Situation. Die Stimmung ist so schlecht wie die Lage – den Franzosen ist kaum zum Feiern zumute,

---

48 Die Regierung hatte die kolossale Summe von siebenhundert Millionen Franken bereits 1818 beglichen und damit den vorzeitigen Abzug der Besatzungstruppen erwirkt.

was für ein Produkt wie den Champagner natürlich katastrophal ist. Auch im Ausland laufen die Geschäfte nicht mehr so brilliant. Denn zum Erbe Napoleons gehören Patriotismus und Nationalismus, die sich in den von ihm so lange gedemütigten Ländern nun mit Macht breit machen. Erzeugnisse wie der Champagner werden in den Nachbarstaaten jetzt geschnitten – man hält ihn für das französischste aller französischen Produkte! Und die Schichten, die ihre vaterländische Gesinnung am innigsten pflegen, sind ausgerechnet die besseren Leute, die sich den Champagner noch am ehesten leisten konnten. Mit anderen Worten, es geht wieder einmal bergab.

Georges Kessler kam zum Schluss, dass man das Unternehmen vom krisenanfälligen Champagnergeschäft unabhängiger machen und in andere Geschäftszweige diversifizieren müsse. Ein anderer Plan Kesslers war, zu versuchen, im deutschen Markt mit einer Dependance des Hauses Veuve Clicquot Fuß zu fassen – in dieser Zeit des aufkeimenden Nationalismus und der sich verschärfenden Zollpolitik eine durchaus vernünftige Idee. Kritiker behaupten später, er habe Barbe Nicole Clicquot dazu überredet, in Branchen einzusteigen, die sie von ihrem eigentlichen Geschäft ablenken würden. Dabei verschweigen sie, dass er hier von einem gewichtigen Komplizen unterstützt wurde, nämlich vom Grafen Louis de Chevigné, dem Schwiegersohn der Witwe. Der bestürmte sie, doch das Bankgeschäft und die Garnspinnerei wieder aufzunehmen, die von ihrem Mann François einst aufgegeben wurden. Er hielt das Champagnergeschäft offenbar für unter ihrer – und sicher auch unter seiner – Würde. Seine bisherigen Erfahrungen mit der *mère chérie*, wie er sie flattierte, war, dass sie ihm einfach nichts abschlagen konnte. Die Frage bleibt deshalb offen, ob die Witwe den großen Plänen aufgrund von Kesslers Überredungskünsten oder wegen des sanften, aber bestimmten Drängens des Grafen schließlich zustimmte.

Am 1. Juni 1822 jedenfalls eröffnete die Banque Veuve Clicquot-Ponsardin &Cie in der Rue de l'Hôpital. Die Reimser Kaufleute, die bis dahin fast nur mit Bankiers in Paris zu tun hatten, begrüßten es, dass sie ihre Gelder jetzt vor Ort bei seiner seriösen Bank anlegen konnten, die sich in den speziellen Bedürfnissen des lokalen Gewerbes auskannte. Der exzellente Ruf des Hauses Clicquot-Ponsardin tat sein Übriges, dass die neue Bank von Anfang an reüssierte. So abwegig, wie die Gründung der Bank aus späterer Sicht dargestellt wurde, war sie nicht. Banken spielten schon immer eine bedeutende Rolle im Weingeschäft, und ganz besonders in der Champagne. Der langwierige Herstellungsprozess erforderte einen hohen Kapitalbedarf, und der musste in der Regel durch Kredite vorfinanziert werden. Die Investitionen in Grundweine, Flaschen, Korken und Löhne konnten naturgemäß erst Jahre später über den Verkauf der Ware wieder hereingeholt werden. Der Champagner-Papst Jean-Rémy Moët hatte deshalb schon 1819 in Épernay ein Bankgeschäft eröffnet, bei dem sich die umliegenden Weingärtner, Weinhändler und Verarbeitungsbetriebe mit den notwendigen Finanzmitteln versorgen konnten.

Kessler kümmerte sich nunmehr mit seiner ganzen Energie um die neuen Geschäftsfelder und überließ das Champagnergeschäft zwangsläufig fast gänzlich der Witwe. Sie ihrerseits wurde von einem jungen Deutschen namens Matthäus Eduard Werler unterstützt. Der war erst im August 1821 als Praktikant eingestellt worden, hatte jedoch schnell große Fortschritte gemacht, so dass man ihm bald einen Teil von Kesslers bisherigen Aufgaben und Pflichten übertrug. Georges Kessler selbst aber stand am Beginn einer neuen Karriere – als Bankier.

Dann, im Juli 1822, geschieht etwas Sonderbares: Barbe Nicole unterrichtet die Geschäftsfreunde des Hauses Veuve Clicquot in einem Rundschreiben, Monsieur Kessler-Jobert werde die Firma nun doch nicht, wie vor einem halben Jahr angekündigt, übernehmen, bleibe aber weiterhin geschäftsführender Teilhaber. Das Weshalb und Warum dieser Entscheidung ist bis heute noch nicht geklärt. Hie und da liest man später, der junge Werlé (wie er sich bald *à la française* nennen wird) stecke dahinter. Was aber wahrscheinlich zu viel der Ehre für ihn wäre; er war ja erst wenige Monate zuvor eingestellt worden und hatte sicher noch nicht viel zu melden. Manche Biographen der Witwe vermitteln den Eindruck, als habe sie mit diesem „Rückzieher" eine bedauerliche Fehlentscheidung revidieren wollen. Dem widerspricht jedoch ganz klar ein Blick in den Kalender: Nur vier Wochen, bevor dieses Rundschreiben verschickt wurde, am 1. Juni, hatten die beiden Geschäftspartner die neue Bank mit spektakulärem Erfolg eröffnet. Dass Barbe Nicole Clicquot ihrem Teilhaber Georges Kessler ausgerechnet jetzt ihr Vertrauen entzogen haben soll, wo sie mit ihm doch den glänzenden Start der neuen Unternehmung feiern konnte, macht keinen Sinn.

Höchstwahrscheinlich war es so, dass er von sich aus verzichtete, das Champagnergeschäft zu übernehmen. Um die Witwe aber nicht zu enttäuschen oder gar zu verärgern, musste er seinen Verzicht mit einem einleuchtenden Grund rechtfertigen. Es wäre ihm durchaus zuzutrauen, dass er ihn mit einem für die damalige Zeit äußerst fortschrittlichen Argument begründete: Wäre es für den sicheren Fortbestand des Champagner-Hauses nicht klüger, wenn es nicht im Familienbesitz bliebe, sondern als Beteiligungsobjekt in den Besitz der Bank überginge? Wie recht er mit einer solchen Überlegung gehabt hätte, sehen wir heute. Von den etwa drei Dutzend Champagner-Häusern der *haute gamme* − der ersten Klasse − gibt es nur noch zwei oder drei, die wie Roederer oder Taittinger in reinem Familienbesitz geblieben sind. Die bekanntesten und besten gehören, oft nach mehrfachem Besitzerwechsel und gelegentlich als Folge von Finanzkrisen, einer Handvoll Konzerne. Auch Veuve Clicquot-Ponsardin & Cie ist heute eine Konzerntochter.

Dass es sich bei der Kehrtwendung der Witwe − wenn es denn eine solche war − keineswegs um einen Affront gegen ihn gehandelt hat, kann man auch an etwas anderem sehen: Es hat seinem Ansehen in Reims keinerlei Abbruch getan. Ganz im Gegenteil − zusammen mit den Spitzen des örtlichen Wirtschaftslebens gehört er zu den Gründern der ersten Spar- und Vorsorgekasse der Stadt Reims, die im Dezember 1822 aus der

Taufe gehoben wird. Unter den ersten Aktionären des neuen Instituts befinden sich übrigens auch Georges Kesslers einstige Weggefährten Jerôme Alexandre Fourneaux, Antoine de Müller und natürlich auch Barbe Nicole Clicquot. Interessanterweise bezeichnet sich Kessler in der Gründungsurkunde der Sparkasse nicht als *Banquier* oder *Négociant*, sondern als *Fabricant*. Da diese Berufsbezeichnungen damals streng kodifiziert waren, darf man vermuten, dass er zu diesem Zeitpunkt auch als Leiter einer Textilfabrik tätig war. Was Georges Kessler dazu brachte, sich mit den Finanzmitteln der Banque Veuve Clicquot-Ponsardin wieder groß in der Textilindustrie zu engagieren, ist eine andere Geschichte. Sie hat mit dem Milieu zu tun, in das er im Jahr 1819 eingeheiratet hatte.

Sedan, im Mai 1819

Eine vortreffliche Heirat

Am 11. Mai 1819 treten der zweiunddreißigjährige Georges Chrétien Kessler und die zwanzigjährige Marguerite Clémence Jobert in Sedan vor den Traualter. Unter den Hochzeitsgästen, die sich in der St. Charles-Kirche versammelt haben, befinden sich zahlreiche Würdenträger aus Politik und Wirtschaft. Allein aus Reims nehmen drei ehemalige Bürgermeister[49] sowie das derzeitig amtierende Stadtoberhaupt Jean Irénée Ruinart de Brimont an der Zeremonie teil. Die hohen Herren sind nicht nur gekommen, um dem Bräutigam und Mitinhaber des Hauses Veuve Clicquot die Ehre zu erweisen. Die Familien der hohen Herrschaften sind alle mehr oder weniger nahe mit der Familie der Braut verwandt, und neben den familiären gibt es auch enge geschäftliche Beziehungen. Kesslers Ehefrau entstammte einer Familie, die mütterlicherseits in Sedan und väterlicherseits in Reims verwurzelt ist. Die Brautleute hatten sich wahrscheinlich bei den Ponsardins bei einem der dort regelmäßig stattfindenden festlichen Anlässe kennengelernt. Marguerites Mutter Marie-Louise Rosalie kam aus der Sedaner Tuch- und Wolledynastie Ternaux. Der

---

49 Pierre Marie Jobert-Lucas, Jacques Tronsson-Lecomte, Ponce Jean Nicolas Ponsardin.

Vater Jean-Olivier Jobert, Sohn eines Advokaten, war Tuchfabrikant in Sedan und betrieb zudem einen Tuchhandel in seiner Geburtsstadt Reims.
Er war zudem dreimal Bürgermeister von Sedan und Präsident des dortigen Handelsgerichts. Während Reims vom Handel dominiert war, hatte
sich die aufstrebende, von der protestantischen Ethik geprägte Ardennen-
stadt zu einem der Zentren der Industrialisierung Frankreichs entwickelt.
Textilbarone wie die Ternaux und die Poupart de Neuflize bauten hier die
modernsten Manufakturen des kontinentalen Europas[50] auf. Dass hier
überhaupt eine leistungs- und wettbewerbsfähige Textilindustrie entstehen konnte, verdankte man vor allem der von Napoleon verhängten
Kontinentalsperre, durch die alle Einfuhren von englischen Textilwaren
und der technisch überlegenen englischen Textilmaschinen jahrelang blo-
ckiert waren.

Marguerites Onkel väterlicherseits, Pierre Marie Jobert-Lucas, war
ebenfalls in der Textilbranche tätig. Als Unternehmer, der 1812 die erste
mechanische Kammgarnspinnerei Frankreichs in Bazancourt in der Nähe
von Reims eröffnete, ging er in die Geschichte der Industrialisierung des
Landes ein.[51] Er war der größte Arbeitgeber der Region, übte bis 1805
zweimal das Amt des Bürgermeisters von Reims aus, vertrat die Stadt in
der Hundert-Tage-Kammer und saß über mehrere Legislaturperioden in
der Abgeordnetenkammer in Paris. An seiner Firma Jobert-Lucas & Cie
waren zudem zwei illustre Kompagnons beteiligt: Nicolas Ponsardin, der
Vater von Barbe Nicole Clicquot, und Guillaume Ternaux, der ältere Bruder von Marguerites Mutter Marie-Louise Rosalie.

Dieser Onkel Guillaume war eine imposante und schillernde Persönlichkeit. Als „Schöpfer der integrierten Manufaktur" sicherte auch er sich

---

50 Napoleon, der die Industrialisierung Frankreichs mit Energie vorantrieb, rühmte sich später:
„Ich habe die französische Industrie erfunden."
51 Napoleon besuchte diese Manufaktur als Erster Konsul im Jahr 1803. Pierre Jobert-Lucas über-
reichte Joséphine bei dieser Gelegenheit einen Schal. Sie nahm ihn, „warf den ihren, den sie trug,
augenblicklich weg und bedeckte ihre Schultern damit", wie es in einem zeitgenössischen Bericht
heißt. Es war der Moment, in dem es in Frankreich Mode wurde, breite Schals zu tragen.

einen Platz in der Industriegeschichte Frankreichs. Er war der erste Industrielle, der auf die Idee kam, alle für die Tuchherstellung notwendigen Fertigungsprozesse unter einem Dach zusammenzufassen. Ein echter Pionier, der schon 1804 Hydraulik zum Antrieb der Maschinen einsetzte und als erster mehrstöckige Fabrikgebäude bauen ließ.[52] Jean Tulard, der Doyen der Napoleon-Forschung, schreibt über ihn: „Ternaux revolutionierte die Tuchindustrie: er führte einerseits in Louviers eine vertikale Konzentration ein, in der alle Phasen der Tuchfabrikation kontrolliert werden und setzte andererseits eine horizontale Konzentration mit Bazancourt, Louviers, Reims und Sedan in Gang. Sein Vermögen wurde auf zwei Millionen Franken geschätzt." Aus dieser gewaltigen Summe lässt sich schließen, dass Guillaume Ternaux ein äußerst erfolgreicher Unternehmer gewesen sein muss.

Dabei sahen die Anfänge seiner Karriere gar nicht gut aus. Er musste 1792/93 ins Ausland flüchten, weil die Jakobiner ihm wegen seiner Sympathien für den General Lafayette[53] an den Kragen wollten. Das Exil nutzte er für ausgedehnte Reisen durch Deutschland und England, von denen er wertvolle Erkenntnisse über die dortigen Fertigungsmethoden von Stoffen und Tuchen mitbrachte. Nach der Rückkehr gründete er in Frankreich zahlreiche Stofffabriken und richtete Handelshäuser in Rouen, Le Havre, Bayonne, Bordeaux, Livorno, Genua, Neapel und St. Petersburg ein. In seinen Firmen waren zeitweise mehr als sechstausend Menschen beschäftigt. In bürgerlichen Kreisen bekannt wurde sein Name durch den *Cachemire Ternaux*[54], ein Schal aus imitiertem Kaschmir. Auch er wurde mehrfach in

---

52 Im Zentrum von Reims ist je eine Straße nach Marguerites Onkeln Pierre Marie Jobert-Lucas und Guillaume Ternaux benannt. Auch in Paris und zahlreichen anderen Orten Frankreichs gibt es eine Rue Ternaux.

53 Gilbert du Motier, Marquis de la Fayette (1757 – 1834) nahm auf Seiten der Kolonisten am Amerikanischen Unabhängigkeitskrieg teil und spielte eine wichtige Rolle in der Französischen Revolution. Als Verfechter einer konstitutionellen Monarchie nach englischem Vorbild protestierte er gegen die Verhaftung Ludwigs XVI., wurde deshalb von der Nationalversammlung als königstreuer Verräter verurteilt und musste ins Exil flüchten.

54 Für dessen Herstellung importierte Ternaux Schafe aus Tibet und versuchte sie – erfolglos – zu akklimatisieren. Der *châle-ternaux* wird in *Les Misérables* von Victor Hugo erwähnt.

die Pariser Abgeordnetenkammer gewählt und sogar von König Ludwig XVIII. zum Baron erhoben. Er nahm sich allerdings 1823 die Freiheit, seinen Adelstitel wieder abzulegen, nachdem er festgestellt hatte, dass die „restaurierte" Aristokratie ihn nicht als einen der Ihren akzeptierte. Damals wie heute ein unerhörter Vorgang, der einiges über den Charakter dieses Mannes aussagt. In seinen späteren Jahren, inzwischen ganz von Sedan nach Paris[55] übergesiedelt, widmete er sich agronomischen Forschungen, die zum Ziel hatten, die Volksernährung zu verbessern. Vor allem seine Experimente über die langfristige Lagerung von Getreide[56], für die er auf seinem Grundstück in Saint-Ouen im Norden von Paris zwei riesige Silos errichten ließ, fanden innerhalb und außerhalb des Landes große Beachtung.

Zwei Cousins[57] von Marguerite Kessler-Jobert ziehen ebenfalls ins Pariser Parlament ein. Ihre Nichte Félicie schließlich, die Tochter ihrer Schwester Marie Louise Elise, heiratete einen Kaufmann, der das Champagner-Haus seines aus Dresden eingewanderten Onkels Nikolaus Schreider in Reims übernommen hatte und es unter seinem eigenen Namen weltberühmt machen sollte: Louis Roederer.

Durch diese vortreffliche Heirat war Georges Kessler nun auch privat in den innersten Zirkel des Reimser Großbürgertums aufgenommen worden. Bei den Familienfesten traf sich, was in der Region Rang und Namen hatte – die Ruinarts, die Tronssons, die Ternaux, die Ponsardins, die Clicquots, die Henriots, die Van der Veken, die Joberts, kurz: fast die gesamte wirtschaftliche und politische Elite. Man darf annehmen, dass Georges

---

55 In François-René de Chateaubriands *Mémoires d'Outre-tombe* [*Erinnerungen von jenseits des Grabes*] liest man, Guillaume Ternaux habe den griechischen Widerstand gegen die Türkenherrschaft unterstützt: „Ein griechisches Komitee wurde in Paris gebildet, dem ich angehörte. Es versammelte sich in Monsieur Ternaux' Haus an der Place des Victoires."

56 *Mémoire sur les expériences faites à Saint-Ouen pour la conservation des grains dans un silo* [*Denkschrift über die Experimente in Saint-Ouen über die Konservierung von Getreide in Silos*], erschienen 1821.

57 Darunter der Staatsrat und Historiker Louis-Mortimer Ternaux, dessen *Histoire du Terreur* mit dem Grand Prix Gobert der *Académie française* ausgezeichnet wurde. Über ein paar Ecken war Marguerite Kessler-Jobert mit dem Schriftsteller Jules Verne verwandt.

bei diesen Gelegenheiten ausgiebig mit den reichen und einflussreichen Onkeln seiner Frau über die mächtig fortschreitende Industrialisierung diskutierte und intime Einsichten in das Textilgeschäft gewann, das diese Familien und die Stadt Reims so reich gemacht hat. Die Entscheidung, die Banque Clicquot in dieser Branche zu engagieren, traf er also auf der Grundlage von soliden Informationen und bestem fachmännischen Rat. Seine Überlegung scheint plausibel: Der langfristige Kapitalzyklus des Champagnergeschäfts sollte durch den wesentlich kurzfristigeren des Textilgeschäfts abgefedert werden. Barbe Nicole von diesem Plan zu überzeugen, wird nicht besonders schwierig gewesen sein. Schon allein deshalb, weil die Witwe von ganzem Herzen dafür war, auf diese Weise die Familientradition der Ponsardins, die mit dem Unfalltod von Barbe Nicoles Bruder Jean-Baptiste 1817 ein vorzeitiges und tragisches Ende gefunden hatte, nun doch fortführen zu können. Es ist deshalb ziemlich unwahrscheinlich, dass Georges hier – wie die Biographen der Witwe später hartnäckig behaupteten – seine Überredungskünste anwenden oder gar seinen sprichwörtlichen Charme hätte spielen lassen müssen.

Diese familiäre Nähe Georges Kesslers zur Textilbranche wird an dieser Stelle besonders herausgestrichen, weil es später heißen wird, diese Wiederaufnahme sei eine flagrante Fehlentscheidung gewesen. Zudem finden wir hier auch eine erste Erklärung dafür, weshalb die von Kessler später in Esslingen gegründete Tuchmanufaktur so weit ihrer Zeit voraus war und letzten Endes ein großer industrieller Erfolg wurde. Auch muss daran erinnert werden, dass Tuchmanufaktur und Tuchhandel für die Reimser Wirtschaft zum Zeitpunkt dieser Entscheidung um vieles gewichtiger waren als der Champagner. Noch drei Jahrzehnte später, so berichtet der amerikanische Konsularagent Dr. Robert Tomes im bereits zitieren Werk *The Champagne Country*, lag der Umsatz der Wollindustrie in Reims immer noch doppelt so hoch wie derjenige des gesamten Wein- und Champagnergeschäfts. Wolle war also nach wie vor der Stoff, aus dem der Wohlstand dieser Stadt gewebt war. Ein Zeichen für die Bedeutung der Textilindustrie ist unter anderem auch die Tatsache, dass erst im Jahr 1821 mit Jean Irénée Ruinart de Brimont der erste Weinhändler zum Bürgermeister von Reims bestellt wurde. Bis dahin waren sämtliche Stadtoberhäupter ausnahmslos Vertreter des Wolle- und Tuchgeschäfts gewesen, darunter, wie schon berichtet, Barbe Nicoles Vater Nicolas Ponsardin und Marguerites Onkel Pierre Marie Jobert-Lucas.[58]

---

58   Der Vicomte Jean Irenée Ruinart de Brimont wurde von Ludwig XVIII. in erster Linie deshalb zum Bürgermeister ernannt, weil er gerade sein Mandat in der Abgeordnetenversammlung verloren hatte.

Reims, im Februar 1825

Die Wende

Wenige Wochen vor seinem achtunddreißigsten Geburtstag treffen Georges Kessler kurz nacheinander zwei furchtbare Schicksalsschläge. Am 16. Februar 1825 wird das lang ersehnte Kind, eine Tochter, tot geboren. Zehn Tage darauf stirbt seine Frau Marguerite an einer Infektion. Georges ist am Boden zerstört, hadert mit dem Schicksal, das es bisher so ungemein gut mit ihm gemeint hat. Nach sechs Jahren Ehe und einem regen Familienleben im Kreise der weitverzweigten Verwandtschaft Marguerites steht er jetzt plötzlich allein und verlassen da. Ohne Marguerite fühlt er sich nicht mehr dazugehörig, ja ausgeschlossen. Und jetzt spürt er auch, dass die persönliche Beziehung zu Barbe Nicole Clicquot, auf der sein ganzes Leben in Frankreich aufgebaut war, nicht mehr so eng und herzlich war wie früher. In den Jahren, in denen Georges und Marguerite ihr eigenes Leben führten, hat sich auch bei ihr eine Menge verändert. Nicht verwunderlich also, dass es zwischen den beiden zu einer gewissen Entfremdung gekommen ist. Der Tod Marguerites ist der Anfang vom Ende des französischen Traums des Georges Kessler.

Die vergangenen vier Jahre waren widersprüchlich. Die Position des

Bankiers und Fabrikanten Kessler in Gesellschaft und Wirtschaft war so stark wie nie zuvor. Davon zeugt nicht zuletzt das einzige Bildnis von ihm, das er auf der Höhe seines beruflichen und persönlichen Erfolgs bei einem Meister der *École française* des 19. Jahrhunderts, Jean-Baptiste-Louis Germain[59], in Auftrag gab. Das Original des 1825 geschaffenen Gemäldes hängt heute in den Geschäftsräumen der Firma Veuve Clicquot-Ponsardin in Reims. Es zeigt uns nicht nur, wie der junge Mann aussah, es gibt uns auch einen Einblick in seine Persönlichkeit. Als erstes fällt auf, wie unprätentiös das Bild wirkt. Weit entfernt von jenen damals üblichen Bildnissen bedeutender Herrschaften, in denen pompöse, sichtlich von sich selbst eingenommene, oft düster oder herrisch dreinblickende Menschen abgebildet waren. Auch die beiden Ölgemälde von Barbe Nicole Clicquot sind wenig schmeichelhaft, so grimmig und verschlossen schaut sie auf den Betrachter herab. Georges Kessler hingegen begegnet uns mit offenem Blick und dem Hauch eines Lächelns auf den Lippen. Aus seinen Augen blickt ein wenig der Schalk, und es hat etwas Amüsantes, wie er mit seiner Rechten die berühmte Geste Napoleons nachahmt. Er ist bereits Ende Dreißig, wirkt aber um gute zehn Jahre jünger. Seine Kleidung entspricht ganz dem Zeitgeschmack. Für die bürgerliche Oberschicht war die napoleonische Epoche auch in der Schneiderei aus der Mode gekommen. Man bezog seine vestimentären Anregungen nun bevorzugt vom so lange Zeit für tabu erklärten Erzfeind England. Dort hatte sich ein Stil entwickelt, der sich bewusst vom Pomp der französischen Hofmode absetzte und zum *Understatement* tendierte. Georges' kunstvolle Lockenfrisur, der aus offensichtlich schwerem Tuch geschneiderte, zweireihig geknöpfte Gehrock mit Schalkragen, das Ascot aus weißer Seide, die diskrete, nichtsdestotrotz mit einem hochkarätigen Diamanten

---

59   Jean-Baptiste-Louis Germain (1782 – 1842) zählte zu den bevorzugten Porträtisten der besseren Gesellschaft in seiner Heimatstadt Reims. Seine Werke signierte er „Germain Remis" (*Remis* ist der lateinische Name von Reims). Er war ein Schüler des neoklassizistischen Malers Jean-Baptiste Regnault, dessen *Les Trois Graces* zu den bekanntesten Gemälden im Musée du Louvre zählt.

besetzte Krawattennadel – das alles strahlt großbürgerlichen Wohlstand und zugleich eine vornehme, schlichte Eleganz aus. Ganz dem Ideal des *Dandy* entsprechend, wie es vom berühmt-berüchtigten „Beau" Brummell[60] damals verkörpert wurde. Auch trägt er nicht das in der Biedermeierzeit allgemein übliche helle, sondern ein schwarzes Beinkleid *à l'anglaise*. Ohne Zweifel, in diesem Bildnis hat man einen Mann von Welt vor sich.

Bemerkenswert sind in diesem Gemälde auch einige auf den ersten Blick nebensächliche Details: Auf dem Tisch sieht man einen angefangenen, offenbar noch nicht beendeten Brief liegen, daneben ein Tintenfass im Empire-Stil mit einem Federkiel. Ob Georges damit ausdrücken wollte, wie wichtig ihm das Schreiben und das Geschriebene war, auf dem seine bis jetzt so außerordentlich erfolgreiche Karriere aufgebaut war? Oder sollte es eine Hommage an den in diesem Jahr verstorbenen Vater und dessen Schönschreibfibel sein? Wüsste man nicht, dass es sich hier um einen Bankier und Gesellschafter einer bedeutenden Firma handelt, könnte man den hier abgebildeten Herrn durchaus für einen romantischen Dichter oder Komponisten halten.

Ins Auge sticht das in bordeauxrotes Leder gebundene *Porteportrait*, das er in seiner linken Hand hält und in dem ein goldgerahmtes Medaillon mit dem Bild einer schönen jungen Dame zu sehen ist. Er hält es hoch, als wolle er dem Betrachter bedeuten, dass sein Portrait ohne diese Person unvollständig sei. Ist es Marguerite Kessler-Jobert, seine Frau? Das lässt sich leider nicht beantworten, denn dazu müsste man den exakten Zeitpunkt kennen, zu dem das Gemälde entstand. Wurde es vor dem Tod seiner Frau im Februar 1825 fertiggestellt, dann handelt es sich mit Sicherheit um Marguerite. Es kann aber auch sein, dass es erst später im Jahr 1825 gemalt wurde. Dann würde es eine andere Geschichte erzählen: Der noch nicht

---

60 George Bryan Brummell (1778 - 1840) war ein Verfechter des als *Understatement* bezeichneten Modestils, der seit 1816 als englischer Konsul in Caen in der Normandie exiliert war und die Franzosen mit seinen modischen Extravaganzen und seinem hedonistischen Lebensstil verzauberte. Eine seiner ausgefallensten Empfehlungen war, die Stiefel stets mit Champagner (!) zu polieren.

zu Ende geschriebene Brief wäre womöglich an eine ferne Angebetete gerichtet, deren Bildnis er im Taschenrahmen stets bei sich trägt. Es würde
sich dann um eine Person handeln, die uns bis jetzt noch unbekannt ist,
über die wir jedoch bald mehr erfahren werden.

Während Georges Kessler in der Reimser Gesellschaft höchstes Ansehen genoss, schwächte sich seine Stellung innerhalb der Firma, und das
Verhältnis zu Barbe Nicole verschlechterte sich zusehends. Es wäre wohl
zu einfach, den Grund für die Abkühlung zwischen den beiden in der
Ehe mit Marguerite zu vermuten, denn in gewisser Weise war diese Ehe
bereits eine Folge davon. Seinen Platz in Barbe Nicoles Herzen hatte
schon vor Jahren ihr Schwiegersohn, der Graf Louis de Chevigné, erobert.
Nach der Geburt der heißgeliebten Enkeltochter Marie-Clémentine am 15.
Juni 1818 wurde Barbe Nicole noch enger in die gräfliche Familie eingebun-
den. Sie kümmerte sich seitdem mehr und mehr um Familienangelegen-
heiten, verbrachte die meiste Zeit auf ihren Gütern und hatte eigentlich
nur noch in geschäftlichen Angelegenheiten Umgang mit Georges.

Louis de Chevigné war der Spross einer alten Adelsfamilie aus der
Vendée. Er hatte beide Eltern und den gesamten Familienbesitz in der Revolution verloren. Als er 1817 die Verhandlungen um die Hand der Tochter Clémentine aufnahm, hatte er nichts weiter aufzubieten als seinen
Adelstitel und jede Menge Charisma. Die Braut hingegen war ein Mädchen aus den Reihen des Geldadels. Die Witwe hatte durchaus durch-
schaut, dass es dem Grafen in erster Linie um die Mitgift ging. Doch
mit seinem scharfen Intellekt, seinen feinen Manieren und vor allem
seinem ungebremsten Charme gelang es ihm, Mutter wie Tochter für
sich zu gewinnen. Barbe Nicole geriet mehr und mehr unter den Einfluss
ihres Schwiegersohns, der sie sanft, aber bestimmt in die Rolle einer
aristokratischen Stammmutter[61] hinein schmeichelte. Ihre Interessen

---

61 Die Enkelin Marie-Clémentine heiratete in die älteste Adelsfamilie Frankreichs, die Rochechou-
art de Mortemart, ein und machte ihre Großmutter Barbe Nicole damit zur Ahne der legendären
Herzogin Anne d'Uzès, die ihrerseits die Mutter des nachfolgenden Herzogs von Uzès und der Her-
zoginnen von Luynes und von Brissac war.

und Aktivitäten waren nun nicht mehr wie früher ausschließlich auf das Champagnergeschäft gerichtet, sondern schweiften in Gebiete ab, die viel mehr den Standesinteressen des Louis de Chevigné als ihren eigenen entsprachen. Der Neubau des fabelhaften Château Boursault ist nur ein Beispiel. Barbe Nicole konnte und wollte dem Grafen nichts mehr abschlagen – und der nützte ihre Schwäche weidlich aus. Die Witwe finanzierte nicht nur den immer üppiger ausartenden Lebensstil der Chevignés, sondern sprang auch laufend ein, wenn wieder einmal gräfliche Spielschulden beglichen werden mussten. Obwohl der Graf sie so leicht zum Schmelzen bringen konnte, blieb sie jedoch fest bei ihrer Entscheidung, ihn aus der Firma fernzuhalten. Georges Kessler, daran besteht kein Zweifel, war mit dem Auftritt des Louis de Chevigné in Barbe Nicoles Leben an den Rand gedrängt worden.

Auch im Champagnergeschäft steckte Kessler nicht mehr so tief drin, seit der junge Matthäus Eduard Werler viele seiner Aufgaben in der Kellerei übernommen hatte. Der verstand es bestens, seinen Mangel an Erfahrung durch einen Überfluss an Ehrgeiz aufzuwiegen und es damit im Leben sehr weit zu bringen. Werler wurde 1801 in der Reichsstadt Wetzlar als Sohn des Posthalters der Thurn-und-Taxis-Post in Hattersheim, Johann Adam Werler[62], geboren. Als er elf Jahre alt war, starb die Mutter, fünf Jahre später der Vater. Der Waise, der ein beachtliches Vermögen geerbt hatte, wanderte 1821 nach Frankreich aus, um in Reims den Handel und vor allem Französisch zu lernen. Auf Vermittlung eines Großhändlers der Witwe bewarb er sich im Haus Veuve Clicquot-Ponsardin um eine Praktikantenstelle, die er dann am 1. August antrat. Er war kaum einen Monat

---

62 Über Werlers Herkunft wird in den Biographien viel Unsinn geschrieben. Es wird zum Beispiel behauptet, da Wetzlar damals französisch war, sei er als Franzose geboren und erst nach dem Fall Napoleons im Jahr 1814 Deutscher geworden. Im Gegensatz zu vielen linksrheinischen Städten war das hessische Wetzlar jedoch niemals französisch, sondern lediglich von französischen Truppen besetzt. Man liest auch, seine Familie sei französischen Ursprungs und stamme aus dem Elsaß. Ob die Werlers aus Hattenheim in der Pfalz aber tatsächlich mit dem General François-Jean Werlé aus Soultz verwandt waren, ist äußerst zweifelhaft. Der Name des Generals, der 1808 von Napoleon zum Baron ernannt wurde und 1811 beim Iberischen Feldzug gefallen war, ist einer der sechshundertsechzig in die Pfeiler des *Arc de Triomphe* in Paris eingemeißelten Namen.

angestellt, als der langjährige Kellermeister Antoine de Müller seine Kündigung einreichte. Georges Kessler wiederum steckte mitten in den Vorbereitungen für das neue Bankgeschäft, dessen Eröffnung unmittelbar bevorstand. Außerdem lag es an ihm, die Lücke zu füllen, die durch den Tod von Louis Bohne im Januar dieses Jahres gerissen worden war. Die Vakanz in der Kellerei war eine große Chance, die sich dem jungen Werler nun bot. Und er wusste sie meisterhaft zu nutzen. Als neuer Kellermeister bekam er schon nach wenigen Monaten Prokura, was Georges Kessler nicht gerade erfreute, musste er sich doch einst drei Jahre lang für diese Beförderung bewähren. In der Folge entwickelte sich eine bittere Rivalität zwischen den beiden Männern, die das weitere Schicksal des einen wie des anderen bestimmen wird.

Aus heutiger Sicht muss man sagen, dass Werler das Rennen um die Firma Veuve Clicquot-Ponsardin gemacht hat: Im Jahr 1831 wird er Gesellschafter mit einem Anteil von fünfzig Prozent. Aus diesem Anlass lässt er sich als Franzose naturalisieren und heißt fortan Mathieu Édouard Werlé. Nach seiner Einbürgerung tritt er sogar mit Erfolg eine Politikerkarriere als Stadtrat, Bürgermeister und Abgeordneter an. Ein Jahrzehnt später ist er alleiniger Chef von Veuve Clicquot-Ponsardin, und schon lange vor dem Tod Barbe Nicoles im Jahr 1866 wurden Regelungen getroffen, durch die das Unternehmen ganz in den Besitz seiner Familie[63] übergehen sollte. Der Erzrivale hatte also das erreicht, was Georges Kessler genau zwanzig Jahre zuvor feierlich versprochen worden war: die Nachfolge von Barbe Nicole Clicquot anzutreten.

Kehren wir aber nochmals zurück in die Zeit vor 1826. Georges, der sich als Bankier für Kapitalanlagen zu interessieren hat, investiert in die Textilindustrie, darunter in eine Textilfabrik in Pontfaverger. Er denkt wei-

---

63 Die Firma war bis 1984 im Besitz der Nachkommen Werlés. Dann wurde sie vom Champagner-Haus Henriot übernommen. Zwei Jahre später wurde Veuve Clicquot-Ponsardin vom Luxuskonzern LVMH Moët Hennessy Louis Vuitton geschluckt, das sich in kurzer Zeit ein imposantes Portfolio von Champagner-Marken – darunter Moët & Chandon, Dom Pérignon, Krug und Ruinart – zusammengekauft hatte.

ter: Nicht nur in Frankreich, sondern auch in seiner alten Heimat sieht er lukrative Anlagemöglichkeiten, denn die Industrialisierung in den deutschen Ländern ist längst nicht so weit voran gekommen wie in Frankreich. Mit technisch fortschrittlichen Maschinen aus Frankreich, so seine Überlegung, ließen sich in dem rückständigen deutschen Markt mit Sicherheit erfolgreiche Unternehmungen aufbauen. Zusammen mit der Witwe beschließt er, in Württemberg eine Dependance zu errichten. Im Namen der Reimser Bank erwirbt er ein Grundstück in Esslingen am Neckar, auf dem er eine der modernsten Kammgarnspinnereien der damaligen Zeit zu errichten plant. Während des Baus der Fabrikgebäude lässt Kessler den gesamten Maschinenpark aus Sedan auf Flüssen und Kanälen nach Esslingen verfrachten. Im April 1825 übernimmt er eine Wollmanufaktur und später eine Tuchfabrik am selben Ort und gliedert sie in das Unternehmen ein. Natürlich sind die Investitionen extrem hoch, und es ist allen Beteiligten klar, dass es lange dauern wird, bevor dieses Unternehmen Gewinne abwirft.

Auch was den Champagner angeht, macht er sich über eine „Verpflanzung" in die alte Heimat Gedanken. Weshalb sollte es denn nicht möglich sein, auch in Deutschland Schaumwein zu erzeugen? Schon im Oktober 1820 erwarb er das Gut Neuhof[64] in Oedheim mit seinen umfangreichen Weinbergen – sicherlich mit Wissen von Louis Bohne, der im nahen Heilbronn zuhause war. Den Hof kaufte er seinem Bruder Heinrich ab, der ihn 1812 aus dem Nachlass von Großvater Gesswein erworben hatte. Auch der Pächter Georg Strölin gehörte zur Familie, seit er 1811 Kesslers jüngere Schwester Christine Louise geheiratet hatte. Nach langwierigen Experimenten, bei denen Georges Kessler sein ganzes, aus der Champagne mitgebrachtes Wissen einbringt, werden hier 1825 die ersten moussierenden Weine aus einheimischen Trauben erzeugt.

Diese neuen Aktivitäten bringen es mit sich, dass Georges Kessler

---

64 Heute „Falkensteiner Hof".

jetzt oft und manchmal über längere Zeit nach Deutschland reisen muss. Er scheint jedoch zum damaligen Zeitpunkt noch keineswegs daran zu denken, für immer in die alte Heimat zurückzukehren. Das lässt sich unter anderem daraus schließen, dass er die Esslinger Textilfabrik unter die Leitung eines französischen Ingenieurs stellt. Und dann sehen er und seine Frau einem freudigen Ereignis entgegen, das die Bindung an die Familie in Reims und Sedan noch weiter verstärken wird: die Geburt ihres ersten Kindes, die für Februar 1825 erwartet wird.

Während seiner wiederholten Abwesenheiten braut sich in Reims etwas zusammen, was eines Tages zum Bruch zwischen Barbe Nicole Clicquot und Georges Kessler führen wird. Bei der Witwe, die bis dahin alle Entscheidungen gutgeheißen und mitgetragen hatte, kommen gegen die von Kessler verfolgten Investitionsprojekte nach und nach Bedenken auf. Geschürt werden sie durch den jungen Werlé, dessen Rat die Witwe in Kesslers Abwesenheit immer häufiger suchte. Die hohen Darlehen, die Georges Kessler über die Clicquot-Bank dem Esslinger Unternehmen gewährt hatte, lasten nun spürbar auf dem Unternehmen. Zudem deutet sich ein Abschwung des Textilmarkts an – wohl wegen der nun wieder ungehindert aus Großbritannien einfließenden Produkte. Auch die gelungene Erzeugung des deutschen Champagners gibt Anlass zur Beunruhigung: Édouard Werlé wird nicht müde, davor zu warnen, dass hier womöglich ein gefährlicher Wettbewerber für das Haus Veuve Clicquot-Ponsardin entstehen könnte. Zwischen Barbe Nicole und Georges kommt es immer häufiger zu Auseinandersetzungen, die Standpunkte der beiden gehen immer weiter auseinander. Während die Witwe geneigt ist, dem Drängen Werlés nachzugeben und aus der Bank und den Textilgeschäften auszusteigen, ist Kessler nach wie vor von der Richtigkeit seiner Strategie überzeugt. Seine Position wird allerdings durch Meldungen aus Esslingen geschwächt, dass die Dinge dort aus dem Ruder zu laufen drohen; der mit der Leitung des Fabrikbaus beauftragte Ingenieur ist offenbar der Aufgabe nicht gewachsen.

Zu Beginn des Jahres 1825 steht Georges Kessler vor einer schweren Entscheidung: Um das Kapital, das seine Bank in das Esslinger Unternehmen gesteckt hatte, zu schützen, bleibt ihm nichts anderes übrig, als selbst vor Ort das Kommando zu übernehmen. Das aber heißt, die Leitung der Bank in Reims auf unbestimmte Zeit in andere Hände legen zu müssen. Schon das fällt ihm sicher nicht leicht. Seine viel größere Sorge gilt jedoch der hochschwangeren Frau, die er in Reims allein zurücklassen müsste. Auch würde er in Esslingen die Geburt und die ersten Lebensmonate seines Kindes verpassen. Dieser Konflikt löst sich für Georges Kessler auf tragische Weise: durch den Tod Marguerites und des Kindes. Der Verlust bricht ihm zwar das Herz, macht es ihm aber auch leichter, sich für längere Zeit nach Esslingen zu verabschieden, um sich dort um den Aufbau und die Leitung der deutschen Filiale der Clicquot-Firma zu kümmern. Mit Sicherheit hatte er aber auch zu diesem Zeitpunkt noch immer nicht vor, Wohnsitz und Teilhaberschaft in Frankreich aufzugeben. Im Gegenteil: In einem Ende Dezember 1825 an König Wilhelm gerichteten Gesuch bittet er darum, seine württembergische Staatsbürgerschaft behalten zu dürfen, obwohl er „nun regelmäßig einen Theil des Jahres in Esslingen zubringen [werde], ohne jedoch meine häusliche Einrichtung in Rheims deshalb ganz aufzuheben".

Neben den Problemen mit der Fabrik gab es jedoch noch einen weiteren, persönlichen Umstand, weswegen längere Aufenthalte in der alten Heimat für ihn nun dringend notwendig wurden. Es machten sich bei ihm nämlich die ersten Symptome eines Rückenmarkleidens bemerkbar, das sich in den kommenden Jahren ernsthaft verschlimmern und mehrere Kuraufenthalte in württembergischen Bädern erforderlich machte. Georges Kessler war weder seelisch noch körperlich in guter Verfassung, als er in Esslingen die Geschäfte übernahm. Man wundert sich, woher er die Kraft und die Ausdauer nahm, mit denen er die Aufgaben anpackte. In Frankreich war er längst ein gemachter Mann, in Deutschland aber stand er nun wieder ganz am Anfang.

In Reims ist Édouard Werlé derweil fleißig damit beschäftigt, Kesslers Position zu untergraben und das Misstrauen der Witwe zu wecken. Er hält es für verdächtig, dass Georges Kessler das Geld der Clicquot-Bank in Geschäfte gesteckt hat, an denen seine deutschen Verwandten beteiligt waren. In einer 1853, also drei Jahrzehnte später, publizierten Eloge[65] auf Édouard Werlé heißt es: „Madame Clicquot [hatte] als Teilhaber und Kodirektor einen gewissen Kessler, der intelligent, aber ehrgeizig und gerissen war. Als 1822 in einer Wirtschaftskrise das Champagnergeschäft stagnierte, entschloss sich Madame Clicquot auf das Betreiben von Herrn Kessler, die Bankgeschäfte und den Textilhandel wieder aufzunehmen, die zuvor der geschäftliche Schwerpunkt ihres Schwiegervaters, Herrn Clicquot-Muiron, gewesen waren, die aber ihr verstorbener Ehemann aufgegeben hatte, um sich ganz dem Weingeschäft zu widmen. Die Bankgeschäfte dehnten sich rasch und kräftig aus. Herr Kessler, der große Pläne im Kopf hatte und das blinde Vertrauen kräftig ausnutzte, das Madame Clicquot ihm entgegen brachte, verwickelte sie in den Aufbau einer Spinnerei in Esslingen. Diese Unternehmung war umso gefährlicher, als die Spinnerei von Mitgliedern der Familie Kessler geleitet, aber durch Madame Clicquots Bank finanziert wurde."

Diese verzerrte, ja verunglimpfende Darstellung der Person Kesslers findet man auch in einer als „offiziöse" Unternehmensgeschichte der Firma Veuve Clicquot-Ponsardin zu betrachtenden Biographie der *Grande Dame* aus dem Jahr 1992. In einem ganz neuen Buch aus dem Jahr 2009, das eine entfernte Verwandte der Clicquots so zu Papier brachte, als hätte es die Witwe selbst verfasst, wird mit Kessler geradezu gehässig umgegangen.[66] So schreibt die Autorin der „imaginären" Witwe zum Beispiel die Aussage zu, ihr Teilhaber habe die Investitionen in die Textilfabriken

---

65 Werlé war im Jahr zuvor zum Bürgermeister ernannt worden. Seit 1843 war er Stadtrat in Reims, von 1852 bis 1868 Bürgermeister der Stadt und von 1862 bis 1870 Deputierter in Paris.

66 Beide Bücher, *La Veuve Clicquot: La grande dame de la Champagne* von Frédérique Crestin-Billet (1992) und *Voyage imaginaire autour de Barbe Nicole Ponsardin, Veuve Clicquot* von Elvire de Brissac (2009) sind die einzigen, die in der Boutique des Unternehmens in Reims zum Kauf angeboten werden.

hinter ihrem Rücken getätigt. Dann erwähnt sie zur allgemeinen Überraschung einen Bruder von Georges: „Kessler hat einen Bruder, der große Ambitionen hat," legt sie ihrer Witwe in den Mund, „und er hat mich überzeugt zu diversifizieren, im Falle von schlechten Ernten oder Rückziehern der Russen." An anderer Stelle steht wahrheitsgemäß, dass die Witwe die Firma ihrem Teilhaber Georges Kessler versprochen habe; ein paar Absätze später jedoch nennt sie plötzlich als Begünstigten „den Älteren der Beiden". Da Georges nur einen Bruder hatte, kann hier nur Heinrich gemeint gewesen sein. Der aber saß seit 1819 als Abgeordneter im Stuttgarter Landtag, arbeitete an mehreren Schriften über staats- und finanzwissenschaftliche Themen und war außerdem mit den Vorbereitungen für eine neue Zeitschrift beschäftigt. Er wird kaum in der Lage gewesen sein, sich auch noch um die Angelegenheiten im fernen Reims zu kümmern. Ganz abgesehen davon, dass ein zweiter Kessler dort keine historischen Spuren hinterlassen hat[67].

Georges Kesslers Verdienste der ersten beiden Jahrzehnte, in denen die Firma mit ungeheuren Schwierigkeiten zu kämpfen hatte und in denen er aufopfernd und treu an der Seite der Witwe stand, schienen in der Ära Édouard Werlé nicht mehr der Rede wert gewesen zu sein. Es ist, als ob er und seine Nachfahren das alles vergessen machen wollten, um das eigene Wirken umso glänzender erscheinen zu lassen. Vielleicht hatte Werlé ja ein Problem damit, dass er sich letztlich in ein gemachtes Nest gesetzt hatte, das andere vor ihm – Barbe Nicole Clicquot, Louis Bohne, Antoine de Müller und Georges Kessler – über Jahre und Jahrzehnte vor ihm gebaut hatten. Über diese Boshaftigkeit, die nach sechs oder sieben Generationen immer noch nicht besänftigt zu sein scheint, kann man sich nur wundern.

Anfang 1826 kehrt Georges Kessler, der im Vorjahr nicht nur Frau und

---

67 In diesem Werk findet man auch andere überraschende Aussagen, wie zum Beispiel, Georges Kessler stamme aus der Gegend von Mainz, Esslingen liege in der Pfalz oder Eduard Werlers Geburtsort Wetzlar sei eine Hansestadt gewesen.

Kind, sondern im September auch seinen so sehr verehrten Vater verloren hatte, nach einem längeren Aufenthalt in Esslingen zurück nach Reims. Anlass ist der Gedenkgottesdienst für seine vor einem Jahr verstorbene Frau in der St. Nicolas-Kapelle. Bei dieser Gelegenheit vertraut er Barbe Nicole etwas an, das sie tief trifft. Er werde sich wieder verheiraten, und zwar daheim in Württemberg. Sie schließt daraus, dass er nun seinen Lebensmittelpunkt von Reims nach Esslingen verlegen wird und wirft ihm an den Kopf, sie werde dem Esslinger Unternehmen „den Hahn abdrehen", wie es in einer Chronik heißt. Ob sie diesen Entschluss allein auf Werlés Drängen hin gefasst hat oder ob nicht vielleicht auch ein Hauch von Eifersucht wegen der Heiratspläne ihres Geschäftspartners mit im Spiel war, ist offen.

Georges Kessler jedenfalls, der die mit so großem Aufwand aufgebaute Fabrik in Esslingen unter allen Umständen erhalten will, macht daraufhin das Angebot, sie auf eigene Rechnung zu betreiben. Im Gegenzug erklärt er sich bereit, auf seine Geschäftsanteile an der Firma Veuve Clicquot-Ponsardin sowie auf seinen Privatbesitz in Reims zugunsten der Witwe zu verzichten. Man einigt sich schließlich darauf, dass Georges Kessler sämtliche Anlagen, aber auch alle Verbindlichkeiten in Deutschland übernimmt, während Barbe Nicole Clicquot seine Unternehmensanteile sowie sein Vermögen in Frankreich zufallen. Durch den notariellen Auseinandersetzungsvertrag, unter den die beiden am 24. Mai 1826 ihre Unterschriften setzten, wird ein Schlussstrich unter die fast zwanzig Jahre des Georges Kessler in Frankreich gezogen. Wenig später besteigt er ein letztes Mal die Postkutsche und kehrt Frankreich für immer den Rücken. Trotz der bitteren Geschehnisse der vergangenen Tage macht ihm der Abschied von Reims, von Barbe Nicole, von Freunden und Familie das Herz so schwer wie damals, vor fast fünfundzwanzig Jahren, als er der Familie in Heilbronn Lebewohl sagte. Die letzte Reise in die Heimat kommt ihm vor, als wäre es eine Reise ins Exil.

Leider hörte damit die Zerstörung seines Rufs in Reims nicht auf.

Man schob ihm so ungefähr für alles die Schuld in die Schuhe, was in den folgenden Jahren schief ging. Sogar Notlagen, die lange nach seinem Abgang eintraten, lastete man ihm an. Besonders unredlich ist die heute noch verbreitete Behauptung, wegen „seiner" Bank sei das Champagner-Haus beinahe bankrott gegangen. In der Tat geriet die Banque Clicquot in Schwierigkeiten, aber die Ursache dafür war, dass die erstklassige Bank Poupart de Neuflize in Paris, bei der sie hohe Einlagen deponiert hatte, in der Wirtschaftskrise 1827/28 unterzugehen drohte und Ende 1828 alle Auszahlungen einstellte. Um die Forderungen der beunruhigten Reimser Bankkunden befriedigen zu können, beschaffte Werlé Anfang 1829 in einer Nacht- und Nebelaktion einen Millionenkredit, den er mit seinem persönlichen Vermögen absicherte. Damit, so hieß es später, habe er nicht nur die Firma vor dem Untergang gerettet, sondern auch sich selbst die Partnerschaft gesichert.

Was aber hatte Georges Kessler mit diesen Geschehnissen zu tun? War er denn nicht schon mehrere Jahre vor dieser Katastrophe aus der Firma ausgeschieden, und hatte er die Leitung der Bank nicht schon vor Jahren abgegeben? Ihm den Ärger mit der Bank anhängen zu wollen, ist typisch für diejenigen, die hinterher immer klüger sind. Selbst wenn er ganz allein für die Geldeinlagen bei Poupart de Neuflize verantwortlich war – wir erinnern uns: die Namensgeber und Gesellschafter dieser Bank waren ebenfalls ehrbare Textilfabrikanten aus Sedan –, kann man ihm daraus kaum einen Vorwurf machen. Diese Bank war eine der solidesten und renommiertesten Privatbanken ihrer Zeit und ist im Übrigen eines der ganz wenigen Bankhäuser in Frankreich, die bis in unsere Tage überlebten[68]. Auch die Vorwürfe wegen des Engagements der Clicquot-Bank in der Textilbranche – die in der Wirtschaftskrise Ende der zwanziger Jahre des 19. Jahrhunderts tatsächlich schwer gebeutelt wurde[69] – sind haltlos.

---

68 Nach zahlreichen Mutationen heißt diese nach wie vor bedeutende Privatbank heute Neuflize OBC und ist Mitglied der ABN-AMRO-Gruppe.

69 Auch die von Marguerites Onkel Guillaume Ternaux in Sedan gegründete, aber längst von seinen Söhnen übernommene Fabrik überlebte diese Krise nicht.

Denn mit der äußerst erfolgreichen Geschäftsentwicklung der Esslinger Tuchfabrik konnte er den Beweis des Gegenteils liefern. Für den in seiner schwäbischen Heimat jetzt nicht mehr Georges, sondern wieder Georg Christian genannten Herrn Kessler hingegen beginnt mit diesem Abschied ein neues Leben. Es sollte nicht weniger erfüllt sein als das, was er bisher führte.

Esslingen, im Juli 1826

Das zweite Leben

Die Rückkehr in die alte Heimat ist für Georg Christian Kessler mehr als nur der Wechsel seines Standorts; als Neununddreißigjähriger beginnt er ein ganz neues Leben. Es geht ihm gesundheitlich nicht gut, und der Tod von Frau und Tochter lastet schwer auf seinem Gemüt. Aber er hat Glück im Unglück: Bei einem seiner Kuraufenthalte in Cannstatt begegnet er einer jungen Frau, die ihm frischen Mut gibt und die seine neue Lebensgefährtin werden wird: Auguste, die zwanzigjährige Tochter des Freiherrn Christian Ludwig August von Vellnagel und dessen Ehefrau Friederike. Am 23. Januar 1826 heiraten die beiden. In rascher Folge kommen drei Kinder zur Welt. Auch in zweiter Ehe heiratet Georg Christian Kessler in eine einflussreiche Familie ein, denn sein Schwiegervater ist seines Zeichens Minister-Staatssekretär[70] und Chef des Kabinetts des württembergischen Königs. Diese hochrangigen Familienbande sind für die Pläne des künftigen Fabrikanten natürlich von großem Nutzen. Er wird sie bald auch für seine neuen Unternehmungen aktivieren.

---

70 Der Freiherr von Vellnagel (1764 – 1853), der schon dem ersten württembergischen König Friedrich I. diente, war außerdem Präsident des Oberhofrats und der Hofdomänenkammer.

Die Verwandlung des französischen Bankiers Kessler in den deutschen Fabrikanten Kessler fand in den Jahren 1823 bis 1826 in Esslingen am Neckar statt. Nirgendwo in Württemberg schritt der Umbruch ins Industriezeitalter so schnell fort wie in Esslingen. In der Tat hatte sich das Erwerbsleben nach 1820 derart grundlegend gewandelt, dass es im Jahr 1830 als die am weitesten entwickelte Industriestadt im Königreich galt. Im *Brockhaus* von 1834 wird die Stadt mit ihren siebentausend Einwohnern als „gewerbefleißig" bezeichnet. Und in Pierers *Universal-Lexikon* von 1858 steht unter dem Stichwort „Eßlingen"[71]: „E. fertigt Tuch, Leim, Senf, lackirte Blechwaaren, Wollen- u. Baumwollenzeuge, Handschuhe, optische u. physikalische Instrumente, Goldwaaren, große Spinnereien, Maschinenfabrik, aus welcher Locomotiven nach allen Weltgegenden hervorgehen; dabei zieht E. viel Wein (woraus Eßlinger Champagner gemacht wird)." Diese Atmosphäre von Dynamik und Fortschritt zog den Fabrikanten Kessler natürlich besonders an.

Am 10. April 1825 beteiligte er sich persönlich, aber noch im Auftrag und mit dem Kapital der Banque Veuve Cliquot-Ponsardin, an der Fabrik für maschinengesponnene Kamm- und Streichgarne, die sein Schwager Christian Ludwig Hübler 1823 in Esslingen gegründet hatte. Hübler, der einer Ludwigsburger Kaufmannsfamilie angehörte, war ein Vertreter der modernen Unternehmergeneration, die möglichst rasch die neuen technischen Möglichkeiten der beginnenden Industrialisierung nutzen wollte. Außerdem war er seit 1819 mit Kesslers älterer Schwester, Johanna Friederike, verheiratet. Ziemlich sicher also, dass er bei seinem Schwager in Reims, der ja persönlich und geschäftlich mit der wesentlich weiter fortgeschrittenen Textilbranche in Frankreich eng verbunden war, manche guten Ratschläge einholte.

---

71 Die Schreibweise „Esslingen" mit Doppel-„S" wurde erst 1963 vom Gemeinderat beschlossen (die *Eßlinger Zeitung* beharrt allerdings in ihrem Zeitungskopf auch heute noch auf der früheren Schreibweise mit „Eszett"). Auch Kesslers Namen wird in zeitgenössischen Dokumenten oft mit „ß" geschrieben, so auch in der offiziellen Firmenunterschrift – „G. C. Keßler & Cie" –, mit der die Geschäftsführer und Gesellschafter die Geschäftskorrespondenz und alle amtlichen Dokumente zu signieren hatten.

Das Unternehmen schien von Anfang an bestens gelaufen zu sein. Die *Würtembergischen Jahrbücher für vaterländische Geschichte*[72] für 1825 schrieben folgendes: „Die Manufaktur von Keßler und Comp. in Eßlingen, dieses große, in seiner Art in Württemberg einzige Unternehmen verspricht eine Lücke in der vaterländischen Gewerbsindustrie und namentlich in dem Fache der Wollenmanufakturen auszufüllen, wie es nur unter dem Zusammen-

AUGUSTE VON KESSLER
GEB. VON VELLNAGEL
*1. JUNI 1806
†19. AUGUST 1890

treffen so vieler günstiger Umstände, als es hier der Fall ist, möglich seyn kann. Die Manufaktur hat sich zur Aufgabe gemacht, wollene und gemischte Wollengewebe, besonders nach Maßgabe der französischen Industrie, zu fabrizieren, die bisher in Württemberg gar nicht oder nur unvollkommen und unzureichend verfertigt worden sind; und sie hat

---

72 *Würtembergische Jahrbücher für vaterländische Geschichte, Geographie, Statistik und Topographie,* herausgegeben von J. D. G. Memminger, J. G. Cotta'sche Buchhandlung, Stuttgart, 1826.

diese Aufgabe nicht nur in den gewöhnlichen Fabrikaten, sondern haupt-sächlich auch in den feineren Luxusartikeln (Shawls, Merinos, Westen-zeuge etc.) zu lösen angefangen, welche zu den schönsten Hoffnungen berechtigt." Und der *Schwäbische Merkur* berichtete im Mai 1826, beim An-blick von Stoffmustern aus der Esslinger Manufaktur, die auf der Oster-messe zu Frankfurt am Main zur Schau gestellt wurden, hätten sich „sehr erfahrene Sachkenner in einer der ältesten Fabrikstädte Frankreichs nicht wenig gewundert, dass man diese Waare in Württemberg [...] theilweise in solcher Vollkommenheit zu Stande gebracht hat".

Kessler trieb den weiteren Ausbau der Textilmanufaktur voran. Die hochmodernen Maschinen aus Sedan, der Heimatstadt seiner ersten Frau Marguerite, versetzte die Esslinger Firma in die Lage, Produkte herzustel-len, deren Qualität den französischen und englischen Waren in nichts nachstand. Kessler führte moderne, in England und Frankreich entwi-ckelte Fertigungsmethoden in der Garn- und Tuchproduktion ein. Sein unternehmerischer Weitblick zeigte sich auch darin, dass er als erster Lehrlinge in der Fabrik ausbilden ließ. Im April 1825 holte Georg Christian seinen Bruder Heinrich[73] in die Firma. Somit lag das Unternehmen nun fest in Händen der Kessler'schen Familie. Daraus machte man ihm spä-ter einen Vorwurf. Der Grund für die Bevorzugung der Familie ist jedoch ebenso simpel wie stichhaltig: In der damaligen Zeit war es nicht leicht, Unternehmungen zu kontrollieren, deren Sitz viele Tagesreisen entfernt lag. Deshalb übertrug man die Leitung vorzugsweise an Personen, bei de-nen das gegenseitig notwendige Vertrauen durch verwandtschaftliche Be-ziehungen untermauert war.

Nach der endgültigen Rückkehr aus Frankreich übernahm Georg Christian jedoch die Anteile seiner beiden Verwandten wieder selbst und setzte das Geschäft „als ausschließlicher Besitzer für alleinige Rechnung" fort. Es ist nicht ganz klar, in welcher Vermögenslage er sich nach dem

---

73 Heinrich Kessler hatte 1824 in Tübingen zum Doktor der Kameralwissenschaften promoviert und war als Politiker und Schriftsteller eine über die Landesgrenzen hinaus bekannte Größe.

Bruch mit der Witwe Clicquot befand. Sicher, die Fabrik in Esslingen war jetzt sein Eigentum, und die Banque Clicquot hatte auf die Rückzahlung der gewährten Darlehen verzichtet. Aber nachdem er seinen Privatbesitz in Reims der Witwe überlassen musste, darf man sich fragen, wie es um die Finanzierung des laufenden Geschäfts stand. Jedenfalls sah er seine Hauptaufgabe darin, aus den Unternehmungen in Deutschland, die er von Frankreich aus finanziert hatte, nun überlebensfähige, gewinnbringende und dauerhafte Betriebe zu machen. Sicher ist, dass sich Kessler in diesen Jahren stets eifrig um Fremdmittel und Kapitaleinlagen Dritter bemühte. Es schwebte ihm vor, die auf der Esslinger Maille errichtete Fabrik, die damals in der Tat an der Spitze des technischen Fortschritts stand, in eine Aktiengesellschaft umzuwandeln, an der sich jedermann finanziell beteiligen konnte. Mit dieser Idee war er seiner Zeit jedoch noch zu weit voraus, denn die schwäbischen Investoren legten ihr Geld lieber in relativ risikolosen Immobilien und Staatspapieren an als in neumodischen Industrieunternehmen, von denen sie nichts verstanden.

Der Staatsminister von Vellnagel führte seinen Schwiegersohn, auf den er offenbar große Stücke hielt, in hohe gesellschaftliche Kreise ein, wo er mit Aristokraten, mit Unternehmerkollegen, aber auch mit Geistesgrößen seiner Epoche verkehrte. Dabei kam er unter anderem auch mit dem einflussreichen Verleger und Buchhändler Johann Friedrich von Cotta[74] in Kontakt, der selbst große industrielle Pläne hatte. Für Kessler mussten die Gespräche mit Cotta besonders spannend gewesen sein, denn der Freiherr, der am Wiener Kongress 1814/15 als Delegierter teilnahm, führte in diesen Jahren einen politischen Kampf um den Zollverein. Seine Sternstunde als Geschäftsmann hatte Kessler, als ihn sein Schwiegervater am württembergischen Königshof einführte. Der Monarch, dessen Leidenschaft dazumal weniger der Industrie als der Agronomie galt, setzte sich zeitlebens für die

---

74 Johann Friedrich Freiherr Cotta von Cottendorf (1764 – 1832), Verleger, Industriepionier und Politiker. 1787 übernahm er die 1659 in Tübingen gegründete J. G. Cotta'sche Verlagsbuchhandlung und baute sie zum bedeutendsten Verlag der deutschen Klassik aus, der Autoren wie Goethe, Schiller, Hölderlin, Hebel, Uhland, Schwab, Hegel etc. verlegte.

Modernisierung von Landwirtschaft und Weinbau ein. Er gründete 1818 die Landwirtschaftliche Hochschule in Hohenheim und stiftete im selben Jahr das Landwirtschaftliche Hauptfest auf dem Cannstatter Wasen.[75] Auf seine Initiative hin wurde im Jahr 1825 die Gesellschaft für die Weinverbesserung und drei Jahre später der Weinbauverein gegründet. Erst in den vierziger Jahren begann Wilhelm I., sich zunehmend auch für die industrielle Entwicklung seines Landes zu interessieren. Zu den zahlreichen Maßnahmen dieser Epoche gehörten nicht nur die finanzielle Unterstützung neugegründeter Unternehmen, sondern auch die Verbesserung der Ausbildung der Arbeiterschaft, die Gründung von Industrie- und technischen Hochschulen, die systematische Verbreitung von Wissen und nicht zuletzt der Aufbau eines Eisenbahnnetzes, der 1844 mit dem Bau der Strecke Ludwigsburg–Cannstatt–Esslingen begann. Schon ein Jahr später fuhr der erste Zug der neuen „Centralbahn" von Cannstatt nach Esslingen.

Es war also durchaus eine besondere Ehre, dass der „König der Landwirte" genannte Souverän dazu bewogen werden konnte, im Mai 1826 Kesslers Textilfabrik höchstselbst „in Augenschein" zu nehmen und dabei wohlwollend „das kräftige Bestreben zur Vervollkommnung und zur Belebung dieses Zweiges des vaterländischen Gewerbefleißes" festzustellen. Später verpachtete Kessler Teile der Fabrik an seinen Werkführer Conrad Wolf, die sich nach dem Einstieg von Johannes Merkel und Ludwig Kienlin zu einem der größten Gewerbebetriebe Württembergs entwickelte. Unter der neuen Firmierung Merkel & Kienlin[76] wurde hier bis in die 1970er Jahre die berühmte *Esslinger Wolle*[77] produziert.

Nachdem er feststellte, dass er sich aus dem inzwischen gut laufenden Textilgeschäft in Kürze würde zurückziehen können, wandte sich Georg Christian Kessler mit Energie seiner alten Leidenschaft zu, der Herstellung

---

75 Auch der Cannstatter Tiergarten *Wilhelma* ist eine seiner zahlreichen Gründungen.

76 Die vom Geheimen Kommerzienrat Oskar Merkel 1873 im Neurenaissancestil erbaute Fabrikantenvilla Merkel, heute eine Kunstgalerie, und das 1901 gestiftete Merkelsche Hallenbad legen in Esslingen Zeugnis ab vom Reichtum, den die Unternehmer der Gründerzeit geschaffen haben.

77 Die Marke *Esslinger Wolle* wurde 1971 von der Schoeller Eitorf AG übernommen.

von Champagner. Auch wenn es ihn ursprünglich wegen der industriellen Aufbruchstimmung und den verwandtschaftlichen Beziehungen nach Esslingen zog, so hatte er hier auch für sein neues Vorhaben den richtigen Standort gewählt. Denn wie seine Vaterstadt Heilbronn war Esslingen, rund achtzig Flusskilometer stromauf gelegen, eine vom Wein geprägte Stadt. Von Mönchen im Mittelalter eingeführt, entwickelten sich Weinbau und Weinhandel bis ins frühe 19. Jahrhundert zum vorherrschenden Wirtschaftszweig der Reichsstadt. Die Rebfläche machte seinerzeit rund zwölfhundert Hektar[78] aus, und die schönsten Lagen befanden sich (und befinden sich noch heute) an den besonnten Hängen des an dieser Stelle recht engen Neckartals.

Am 1. Juli 1826 ließ Georg Christian Kessler die Schaumweinfabrik G. C. Kessler & Compagnie ins Firmenregister eintragen. Sein Mitgesellschafter war der Oberjustizprokurator am königlich-württembergischen Kreisgerichtshof in Esslingen, Heinrich August Georgii[79]. Als Besitzer von Rebflächen am Esslinger Burgberg kannte er sich im Wein aus. Heinrich Georgii brachte in die neugegründete Firma jedoch nicht nur Kapital ein, sondern stellte auch die Betriebsgebäude zur Verfügung. Auch war er als juristischer Ratgeber von großem Nutzen, denn der eben erst aus dem Ausland zurückgekehrte Georg Christian Kessler kannte sich im württembergischen Recht natürlich längst nicht so gut aus wie im französischen. Man darf annehmen, dass das Unternehmen ohne Georgii wohl nicht hätte gegründet werden können. Die beiden Geschäftspartner verstanden sich prächtig: „Bei der im Jahre 1826 durch Herrn Kessler und mir [...] erfolgten Begründung der Weinhandlung G. C. Kessler & Co wurde zwischen den beiden Gründern und Gesellschaftern ein schriftlicher Gesellschaftsver-

---

78 Heute beträgt die gesamte Rebfläche in Esslingen nur noch ganze zweiundachtzig Hektar.

79 Heinrich August von Georgii (1795 – 1855): Seit 1819 Oberjustizprokurator in Esslingen am Neckar. Neben seinem Engagement bei der Kessler'schen Sektfabrik beschaffte er u.a. auch das Gründungskapital für die 1846 gegründete Lokomotivfabrik Maschinenfabrik Esslingen (heute Daimler AG) und war mit deren Gründer Emil von Kessler (1813 – 1867, aus Baden-Baden stammend und mit Georg Christian Kessler weder verwandt noch verschwägert) einer ihrer ersten Anteilseigner.

trag nicht errichtet", schrieb Heinrich Georgii später. Für einen Doktor
der Jurisprudenz ein erstaunlicher Vertrauensbeweis.

Erste Produktionsstätte der jungen Firma war die Weinkelter des Kaisheimer Pfleghofs, der Heinrich Georgii gehörte. 1826 wurden hier rund
achttausend Flaschen gezogen, wovon aber nur knapp die Hälfte ein Jahr
später in den Handel kamen; die übrigen Flaschen hielten dem bei der Gärung entstandenen Druck nicht stand und explodierten[80]. Es mussten bald
weitere Keller in der Umgebung gepachtet werden. Der Hohenheimer Pro-
fessor Wilhelm Plieninger, der wissenschaftliche Sekretär der Landwirtschaftlichen Centralstelle, lieferte 1834 einen anschaulichen Bericht über
die Anfangsjahre: „Noch vor dem Herbste das Jahres 1827 wurde von den
Herren Kessler und Georgii die ehemalige sogenannte Klösterles-Kelter[81]
nebst dem darunter befindlichen Keller angekauft, und in beiden die in
der Champagne stattfindenden, zur Behandlung von moussierenden Weinen nothwendigen Einrichtungen getroffen. Von den Weinen des frag-
lichen Herbstes wurden 30 000 Flaschen gefüllt; die Ziehung des Jahres
1828 betrug sodann 54 000 Flaschen, die vom Jahr 1830 (im Jahr 1829 war
der Most zu gering) etliche 30 000, vom Jahr 1831 72 000 und vom Jahr
1832 44 000 Flaschen. Der Umstand, dass die moussierenden Weine erst
nach Verlauf von $1^1/_2$ bis 2 Jahren versandt werden können, machte den Besitz weiterer geeigneter Gebäude und Keller [...] notwendig; es wurden da-
her die der hiesigen Stiftung gehörigen, sehr geräumigen, die vormalige
Stiftungskelter bildenden Lokale nebst den darunter befindlichen Kellern
und einem anstoßenden weiteren Keller angekauft."[82]

Bei den hier angesprochenen Lokalitäten handelte es sich um die Keller und Gebäude des mittelalterlichen Speyrer Pfleghofes, der von 1213 bis
1547 dem Domkapitel zu Speyer gehörte und ausgedehnte Kellergewölbe

---

80 Die Verluste wegen zu schwacher Gärung oder durch Flaschenbruch betrugen bis weit in die
dreißiger Jahre des 19. Jahrhunderts bis zu fünfzig Prozent der befüllten Flaschen.

81 Diese Kelter befand sich im Kaisheimer Hof.

82 Siehe hierzu auch eine zeitnahe Beschreibung in „Ein Zeitdokument" auf Seite 155.

besitzt. Seit 1866 ist das imposante Fachwerkgebäude zwischen der Stadtkirche Sankt Dionys und dem Alten Rathaus mitsamt den angrenzenden
Bürgerhäusern im Besitz der Firma. Hier befinden sich noch heute Firmen-
sitz und Produktionsstätte der Sektmanufaktur Kessler.

In der neuen Kellerei erzeugt Kessler nicht nur erstmals „moussierenden Wein nach Champagner-Art" – oder „Sect", wie die einheimische
Version des Schaumweins bald genannt wurde – auf deutschem Boden,
sondern etablierte auch einen ganz neuen Wirtschaftszweig in Deutschland. Er wird eines Tages mehr als anderthalb Milliarden Euro wert sein.
Wie Kessler es schaffte, praktisch von heute auf morgen Herstellung und
Handel seiner Erzeugnisse aufzunehmen, erstaunt noch heute. Da war
natürlich das reichhaltige Wissen, das er aus der Champagne mitbrachte.
Aber die Champagnerherstellung ist, wie wir erfahren haben, eine komplizierte und komplexe Angelegenheit, bei der unendlich viele Dinge
schief gehen können. Vor allem war damals keineswegs sicher, ob die
deutsche Weine überhaupt dafür geeignet waren. Um das herauszufin-
den, hatte er bereits drei Jahre lang unzählige Versuche auf dem Weingut Neuhof unternommen, das er bekanntlich schon 1820 unter eigenem
Namen, in Anbetracht des sehr hohen Kaupreises jedoch wahrscheinlich
im Auftrag und auf Rechnung der Firma von Madame Clicquot-Ponsardin
erworben hatte[83].

Eines Tages hatte er es geschafft, er konnte mit der Herstellung seines „Esslinger Champagners" beginnen. Und zwar unter eigenem Namen,
denn die Brücken zu Reims waren jetzt endgültig abgebrochen – nicht
ohne dass ein bitterer Nachgeschmack zurückgeblieben wäre. Man darf
sich deshalb fragen, ob bei Georg Christian Kesslers Entscheidung, derart
rasch und zielstrebig die Schaumweinproduktion aufzunehmen, nicht
auch das dringende Bedürfnis mitspielte, es „denen" dort in Reims zu
beweisen – und dort ganz besonders seinem alten Widersacher Édouard

---

83 Zudem war der Grunderwerb damals nur württembergischen Staatsbürgern gestattet.

Werlé[84], der in den letzten Jahren so unerbittlich gegen ihn intrigiert hatte. Mit dem Erfolg der Textilmanufaktur war dessen Schwarzmalerei, was die Opportunität des Engagements in der Textilbranche betraf, bereits widerlegt. Nur allzu verständlich, wenn es ihn nun drängte, mit seinem in Deutschland hergestellten Schaumwein in den von Werlé so gefürchteten Wettbewerb zu treten.

In den Anfangsjahren kümmerte sich Heinrich Georgii um den Einkauf der Weine. „Kurz vor dem Herbste reist gewöhnlich ein Teilhaber der Compagnie in verschiedene Orte, wo schwarze Clevner und Rieslinge gepflanzt werden, die durch vorzügliche Lagen bekannt sind. Ist der Vertrag abgeschlossen und die Lesezeit tritt ein, so kommt ein Abgeordneter von der Compagnie, lässt die Trauben abschneiden, wobei jedoch keine faulen Beeren seyn dürfen, weil diese den Wein leicht gelblich machen, und sogleich ungequetscht auf die Kelter bringen, wo der Saft durch einen leichten Druck ausgepreßt und sogleich in Fässer gefüllt nach Esslingen transportiert wird." In der Ausgabe des *Schwäbischen Merkurs* vom 5. Januar 1828 warben die Gründer: „Wir beehren uns, das Publikum hiermit zu benachrichtigen, dass wir bei Herrn Spindler in Stuttgart, Herrn Bossert in Tübingen, Herrn Schumann in Esslingen Niederlagen von dem durch uns nach Champagner-Art bereiteten hieländischen moußirenden Weine vom Jahr 1826 errichtet haben, und daß bei denselben einzelne Flaschen um 1 fl. 36 kr. zu kaufen sind. Wer wenigstens 25 Flaschen bestellen will, kann sich auch unmittelbar an uns wenden, worauf wir nichts weiter als 1 fl. 24 kr. für die Flaschen nehmen werden."

---

84 Moritz Busch, der Presseattaché des Fürsten Bismarck, beschreibt in seinen im Jahr 1899 veröffentlichten *Tagebuchblättern* eine Vorsprache des ehemaligen Reimser Bürgermeisters Édouard Werlé bei Bismarck, die wenige Tage nach der Kapitulation der Franzosen in Sedan im Deutsch-Französischen Krieg von 1870/71 stattfand: „Im Laufe des Tages war ein Herr Werlé beim Chef, ein alter hagerer Herr mit wackelndem Kopfe und dem bei anständig gekleideten Franzosen, wie es scheint, unvermeidlichen roten Bändchen [der Ehrenlegion, Anm. des Autors] im Knopfloch. Er […] wolle mit dem Minister über die Mittel reden, mit denen man […] den Aufstand der Armen gegen die Reichen verhüten könne. […] Das hätte man sich vor vier Wochen auch nicht träumen lassen: deutsche Truppen Beschützer von Franzosen vor dem Kommunismus – fürwahr Wunder auf Wunder! Herr Werlé spricht übrigens Deutsch, ja ist, wie man sagte, von Geburt ein Landsmann von uns, wie mehrere von den Besitzern der großen Champagnergeschäfte hier…"

Die Resonanz auf den ersten Schaumwein-Jahrgang aus dem Hause Kessler übertraf alle Erwartungen. Bereits 1827 war in der Presse[85] zu lesen: „Herr Keßler in Esslingen hat im letzten Herbste Versuche gemacht, Most von Clevner und Elbling auf Champagner Art zu bereiten und beiderlei Weine, besonders der Clevner, haben, so weit sie sich im ersten halben Jahre beurteilen lassen, in Beziehung auf Geschmack, Farbe und Moussiren ein sehr günstiges Resultat geliefert." Schon bald belieferte die Firma Kunden in Berlin, Breslau, Warschau, Stockholm und vielen anderen Städten. 1831 begann der Export nach Russland, nach Großbritannien und in die Vereinigten Staaten.

Wie die Champagnerherstellung war auch die Sekterzeugung mit einem erheblichen finanziellen Risiko verbunden. Der im Herbst eingekaufte und nach der Pressung in Flaschen abgefüllte Wein musste naturgemäß über viele Monate reifen, bevor er anderthalb bis zwei Jahre später als Schaumwein verkauft werden konnte und Geld in die Kasse brachte. Die Mittel, die in den Wein, seine Veredelung und Lagerung investiert wurden, mussten also ständig vorfinanziert werden, und zwar über einen wesentlich längeren Zeitraum als bei stillen Weinen. Die erforderlichen Geldmittel brachten die beiden Gesellschafter auf. Kessler, der in den ersten Jahren nach der Gründung der Sektkellerei noch an der Textilfabrik beteiligt war, investierte die dort anfallenden Gewinne – und später auch den Erlös aus dem Verkauf seiner restlichen Anteile – in die Sektfabrik. Auch Heinrich Georgii schoss laufend Kapital ein.

Sechs Monate nach Produktionsbeginn vermeldet die „Wein-Verbesserungs-Gesellschaft", „des von Herrn Kessler in Esslingen gemachten gelungenen Versuchs zur Bereitung champagnerartiger Weine aus vaterländischen Trauben muß Erwähnung getan werden." Und das Protokoll des folgenden Jahres hält fest, „einige Bouteillen des württembergischen

---

85 *Oeconomische Neuigkeiten und Verhandlungen*, eine von Christian Carl André in Prag herausgegebene „Zeitschrift für alle Zweige der Land- und Hauswirthschaft, des Forst- und Jagdwesens im österreichischen Kayserthum und (in) dem ganzen Deutschland".

schäumenden Weines vom Jahre 1826 wie auch mehrere Proben des zum Schäumen bestimmten Weins vom Jahre 1827, welche Herr Kessler aus Esslingen überschickt hat, erhalten einstimmigen Beifall." Am 25. Mai 1829 wird protokolliert, „noch ist weiter einer Bemerkung wert, daß der von Herrn Kessler in Esslingen fabrizierte moussierende Wein (Champagner) die ausländischen Gattungen dieser Art heute ganz verdrängt und dessen Wohlgeschmack die Überzeugung gewährt, daß, wenn Herr Kessler fernerhin sich bemüht, solche Weine aus den edlen vaterländischen Trauben zu bereiten, man [...] des Auslandserzeugnisses wird füglich entbehren können." Kessler betonte bei vielen Gelegenheiten, dass die Weine aus seiner Produktion zwar aus „feinsten Trauben der besten württembergischen *Crus*" hergestellt, aber in „der absolut selben Weise behandelt werden, wie sie für den Champagner-Wein praktiziert wird, entsprechend der Kenntnisse und Erfahrungen, die ich mir während 19 Jahren angeeignet habe, die ich von 1807 bis 1826 im Hause Veuve Clicquot-Ponsardin in Rheims verbracht habe [...], welches ich vom Jahre 1810 an bis zu meinem Austritte im Jahre 1826, in den lezten Jahren als Gesellschafter, dirigirte."

Die Anerkennungen blieben nicht aus: Schon 1827 erhielt Kessler die „Große Landwirtschaftliche Verdienstmedaille". Im Oktober 1830 wurde er in den Ausschuss der Central-Stelle des Handels- und Gewerbevereins[86] gewählt. Und 1838 verfügte der König: „Dem Fabrikbesitzer Kessler in Esslingen will Ich, in gnädigster Berücksichtigung Sr. Verdienste um die vaterländische Industrie, die Landwirtschaftliche Verdienst-Medaille mit der von der Centralstelle des Landwirtschaftlichen Vereins vorgeschlagenen Erklärung und der Erlaubnis, diese Medaille oder, für den entfernten Han-

---

86 Anfang 1831 stellt Kessler den Antrag, Guillaume Ternaux, den Onkel seiner ersten Frau, als Ehrenmitglied in die Vereinigung aufzunehmen. Doch die schwäbischen Honoratioren lehnen ab. Kessler setzt den Fall Ternaux einige Wochen später abermals auf die Tagesordnung und legt eine weltweit beachtete Schrift Ternaux' über zwei von ihm entwickelten Volksnahrungsmittel vor, die nicht nur für die Armen erschwinglich sein sollten, sondern auch geeignet waren, einen neuen Industriezweig zu begründen (*Essais sur la fabrication de la polenta et du ter-ouen*, 1825). Diesmal gewinnt Kessler die Zustimmung seiner ehrenwerten Kollegen.

del, das württemb. Wappen über der selben auf S. Etiquetten abdrucken zu lassen, gnädigst ertheilt haben."

In Württemberg wurden über achtzig Prozent der Produktion des Kessler'schen Sekts verkauft. Zu den prominentesten Konsumenten gehörten König Wilhelm I. von Württemberg, der württembergische Adel, die Minister und die höhere Beamtenschaft. Ein besonders aufmerksamer Klient war Herzog Heinrich von Württemberg, der Onkel des Landesherrn. Er korrespondierte mit Kessler ausführlich über die Qualität der Erzeugnisse und versorgte ihn mit Ratschlägen für deren Vermarktung außerhalb Württembergs. In einem Brief vom 4. August 1833 sprach er folgendes Lob aus: „Ich habe nun die drey Gattungen Ihres muszirenden Weins genau geprüft u. diejenige mit Schnur bezeichnete vom Jahr-Gang 1830 als die mir am Besten behagende gefunden. Dieser Wein ist angenehm, nicht zu stark und dabei am wenigsten Süß – lauter Eigenschaften, die meinem Geschmack entsprechen." In seiner Begeisterung über den „Champagner des Herrn Keßler" war sich die königliche Hoheit nicht zu fein, tüchtig die Reklametrommel[87] zu rühren und bei dieser Gelegenheit eine Breitseite gegen die aus Frankreich importierte Ware abzufeuern: „Allen Freunden der Geselligkeit, also allen meinen lieben Genossen, welche gern im Tempel der Diana verweilen und bei der gebotenen Schonungs-Zeit Grillen statt anderes Wild fangen, empfehle ich als probates Gegenmittel, den aus den besten Frankenwein-Sorten zubereiteten Champagner des Hrn. Keßler in Eßlingen [...]. Auch den sitzenden Melancholikern empfehle ich ihn als ein *Probatum est*, um sich zu ermuntern und ihrem gelähmten Blut-Lauf die Thätigkeit ihrer Federn zu verschaffen [...]. Der wahre Genius [der] Freude, das sprudelnde *Carbonicum*, zeichnet diesen lieblichen Nektar vorteilhaft aus, und der Gesundheit ist er wahr-lich fördernder als derjenige, welchen wir doppelt so theuer aus Frank-reich beziehen [...]. Ich bin fest überzeugt, daß da viel Geist und Frohsinn in dem Keßler'schen Erzeugniß enthalten ist."

---

87 In der *Allgemeinen Forst- und Jagdzeitung* (Frankfurt am Main) vom Februar 1830.

Nach der Gründung des Deutschen Zollvereins im Jahr 1833 ging bereits mehr als die Hälfte der Produktion an Kunden außerhalb Württembergs, vor allem nach Bayern, Sachsen, Thüringen und Preußen. Besonders erfolgreich war Kessler bei der Vermarktung seiner Ware im Ausland. Hier konnte er auf seinen reichhaltigen Erfahrungen bei Veuve Clicquot-Ponsardin aufbauen, wo er in den Jahren nach dem Wiener Kongress in Zusammenarbeit mit Louis Bohne den Export – wie berichtet wird – „nennenswert" steigern konnte. Schon gleich nach Gründung seines eigenen Unternehmens begann er, in Österreich, Großbritannien, den Niederlanden und vor allem in Russland für seinen Sekt zu werben. Anfang 1830 schickte er dreihundert Flaschen zur Degustation nach St. Petersburg, und im folgenden Frühjahr wurden dort bereits sechstausend Flaschen verkauft.

Um seine Geschäfte in diesem Markt, in dem so viel Champagner getrunken wurde wie im restlichen Europa zusammen, weiter anzukurbeln, ließ Kessler drei Jahre später seine Verbindungen zur Regierung „richtig" spielen. Sein Schwiegervater von Vellnagel sorgte dafür, dass dem württembergischen Gesandten am Zarenhof, dem Prinzen Heinrich zu Hohenlohe-Kirchberg, eine Kiste des Kessler'schen Sekts übersandt wurde. Sie war begleitet von einer schwerlich zu missachtenden Empfehlung König Wilhelms. In einem langen, in elegantem Französisch verfassten Schreiben betont Kessler, wie wichtig es für die württembergische Industrie sowie das Wohlergehen des eigenen Etablissements wäre, „wenn mein Wein am Kaiserlichen Hofe für gut befunden werden würde." Der Gesandte wisse sicherlich Bescheid über „die Vorurteile gegen jede Art von Wein, der einen anderen Ursprung habe als den der Champagne". Doch diese Vorurteile, so versicherte er, würden „auf der Stelle überall dort fallen, wo bekannt würde, dass der Kaiserliche Hof und die höchsten Klassen der Gesellschaft von Sankt Petersburg ihre Anerkennung dem Schaumwein aus Württemberg zollten und ihn [...] anstelle oder neben dem Champagner-Wein aus Frankreich konsumierten". Der Prinz wurde daraufhin beim russischen Wirtschaftsdepartement mit der Bitte um Unterstützung bei der Vermarktung dieses „deutschen moussirenden weißen Weins" im Zarenreich vorstellig. Die fürstliche Demarche war von Erfolg gekrönt, denn wie schon für den Champagner des Hauses Veuve Clicquot-Ponsardin entwickelte sich Russland auch für den Schaumwein des Hauses G. C. Kessler & Co rasch zum größten ausländischen Markt.

Georg Christian behagte es wenig, wenn sein Schaumwein als bloße Nachahmung des französischen Champagner angesehen wurde. Er wollte ihn ganz bewusst als „hieländisches", ja „vaterländisches" Erzeugnis ausloben. Dass er selbst dabei oft von Champagner sprach, lag bestimmt auch daran, dass der Begriff „Schaumwein" dem deutschen Publikum damals gänzlich unbekannt war; der perlende Wein wurde überall und ganz selbstverständlich als „Champagner"[88] bezeichnet. Auch war die Verwendung dieses Begriffs noch lange nicht geschützt. Erst im so genannten „Champagner-Paragraphen" des Versailler Vertrags von 1919 wurde den Deutschen alles untersagt, „was direkt oder indirekt darauf ausgerichtet ist, eine falsche Bezeichnung über Herkunft, Art, Wesen oder besondere Charakteristik" zu vermitteln[89]. In Wirklichkeit aber konnte Kessler, der ein ausgeprägtes Gespür für absatzfördernde Maßnahmen besaß, aus kommerziellen Gründen nur selten der Versuchung widerstehen, sein Erzeugnis als Champagner feilzubieten. Dabei gingen er (und seine Nachfolger) so weit, die Sektflaschen bis in die fünfziger Jahre des 19. Jahrhunderts mit Etiketten auszustatten, auf denen ziemlich prominent und noch dazu in Französisch die Zeile „*G. C. Kessler, ci-devant Associé de Veuve Clicquot-*

---

88 Das Wort „Champagner" existiert nur in der deutschen Sprache, in den meisten anderen wird das Getränk *Champagne* (ohne „r" am Ende) oder phonetisert (zum Beispiel *champàn* in Spanisch oder *szampan* in Polnisch) geschrieben. Es ist das eingedeutschte adjektive Überbleibsel von „Champagner Wein" oder „nach Champagner Art" (wie „Burgunder" oder auch „Württemberger").

89 Der Paragraph 274 regelt die Frage der Herkunftsbezeichnungen (ohne Champagne, Bordeaux oder Cognac direkt zu nennen) „auf Gegenseitigkeit", also auch für deutsche Erzeugnisse. Auf Druck Frankreichs musste in der Europäischen Union auch der gebräuchliche Begriff „Champagner-Methode" durch „traditionelle Methode" ersetzt werden. Die Welthandelsorganisation WTO ist derzeit immer noch bemüht, den Schutz der geographischen Herkunftsbezeichnungen endlich weltweit durchzusetzen.

Ponsardin de Rheims"[90] prangte. So stand es auch noch lange auf den Stempeln, mit denen die Urkunden seiner Firma beglaubigt wurden. Das alles deutet darauf hin, dass er trotz allem patriotischen Gehabe im Herzen noch immer ein wenig Franzose geblieben war – mehr als verständlich, denn die fast zwanzig Jahre, die er in Reims gelebt hatte, haben seine Wesensart und seine Kultur unauslöschlich geprägt.

* * *

Am Samstag, dem 30. Oktober 1841, schlägt die stolzeste Stunde im Leben des Georg Christian Kessler. Für diesen ganz besonderen Tag, an dem im ganzen Königreich das fünfundzwanzigjährige Thronjubiläum des Landesherrn gefeiert wird, hat man ihn ins Neue Schloss nach Stuttgart bestellt. An der Seite seiner Frau Auguste und begleitet von den beiden Kindern Anna Friederike und Georg Karl August betritt er den prächtigen Marmorsaal, in dem sich eine festliche Gesellschaft versammelt hat. Wenige Augenblicke später steht er, leicht gebeugt – weniger aus Ehrfurcht, als vielmehr von Schmerzen geplagt – vor seinem König. Wilhelm I. lässt ihm die höchste Ehre zuteil werden, die das Königreich an seine verdienten Untertanen zu vergeben hat: das Ritterkreuz des Ordens der württembergischen Krone. Die Zeremonie wird eröffnet vom Ordenskanzler Graf Wintzingerode[91], dem Minister für auswärtige Angelegenheiten a.D. Auch der Staatsminister von Vellnagel nimmt an der Verleihung teil, in seiner amtlichen Funktion als Vizekanzler des Ordens, aber auch als Mitglied der Familie. Während der Ordenskanzler aus dem Dekret zitiert, in dem die Verdienste des Geehrten um die württembergische Wirtschaft und Industrie aufgeführt werden, heftet ihm König Wilhelm I. das weiße

---

90   „G. C. Kessler, vormals Teilhaber von Veuve Clicquot-Ponsardin in Reims". In einer Sitzung der *Société d'agriculture, commerce, sciences et arts* des Marne-Departements im September 1852 wird diese Praxis heftig kritisiert: „Das Haus Kessler in Esslingen [verwendet] Etiketten, mit denen es seine als Champagner verkauften Weinflaschen ausstattet und auf denen im Text ‚Ehemaliger Teilhaber der Veuve Clicquot' besonders die letzten beiden Worte hervorgehoben sind".

91   Carl Friedrich Heinrich Levin von Wintzingerode (1778 – 1856), Sohn des zweimaligen württembergischen Regierungschefs Georg Ernst Levin Graf von Wintzingerode (1752 – 1834).

Malteserkreuz mit dem königlichen Motto „Furchtlos und treu" an die Brust. Durch diesen feierlichen Akt ist er nun in die erlauchten Reihen der „Wohlverdienten" des Königreichs aufgenommen. Und noch etwas: Georg Christian, der das Neue Schloss morgens als einfacher Herr Kessler betreten hatte, verlässt es mittags als Herr *von* Kessler, denn mit dem Orden war die Erhebung in den Adelsstand verbunden.

Natürlich machte ihn diese Ehre glücklich und stolz. Aber sie kam zu einem Zeitpunkt, als seine Gesundheit schon so angegriffen war, dass man mit dem Schlimmsten rechnen musste. Er ahnte, dass er die Geschäfte nicht mehr lange würde führen können und dachte über die Nachfolge nach. Seine Frau hatte kein Interesse an der Firma, und seine minderjährigen Kinder kamen für eine baldige Nachfolge nicht in Frage. Und dann hielt die Familie ihre Beteiligung an einem Unternehmen, das voraussichtlich noch auf lange Zeit einen hohen Kapitalbedarf haben würde, für ein zu hohes Risiko, das zu tragen sie nicht bereit war. Deshalb bestimmte Kessler den Kaufmann Carl Weiss-Chenaux, den er Mitte 1835 als dritten Gesellschafter in die Firma aufgenommen hatte, zum Nachfolger.

Carl Weiss stammte ursprünglich aus Stuttgart, lebte seit einigen Jahren in Genf und hatte dort 1831 in eine alte Weingärtnerfamilie eingeheiratet und dort eine Menge über den Weinhandel gelernt. In gewisser Weise wiederholte sich in dem erst vierundzwanzig Jahre alten Carl Weiss Kesslers eigenes Schicksal. Auch er war ja bereits mit dreiundzwanzig Jahren Prokurist und mit achtundzwanzig Teilhaber der Firma Veuve Clicquot-Ponsardin. & Cie. Und auch er war einst zum Nachfolger bestimmt gewesen. Doch im Gegensatz zu damals klappt es diesmal: Carl Weiss wird in der Tat bei G. C. Kessler & Co die Rolle übernehmen, die Barbe Nicole Clicquot dem jungen Georges Kessler zwei Jahrzehnte zuvor zugedacht hatte. Er ist der Stammvater der Familie Weiss, die das Unternehmen über sechs Generationen bis Anfang des 21. Jahrhunderts besitzen und leiten wird.

Das unheilbare und nun schon weit fortgeschrittene Rückenmarksleiden hatte sich langsam auf das gesamte Nervensystem ausgedehnt. Im

Januar 1841 zog er sich so gut wie vollständig aus dem Geschäftsleben zurück und verkaufte seine Anteile an seine Teilhaber. Nur die Geschäfte mit Russland wollte er weiterhin selbst führen. Doch im Herbst 1841 war auch damit Schluss, seine Gesundheit war nun gänzlich zusammengebrochen. In einer letzten Note vom September 1842 verabschiedete er sich von seinen Geschäftspartnern: „Ich habe die Ehre, Sie zu benachrichtigen, dass ich mich, infolge von erneuertem vermehrten Unwohlseyn, neben meiner leider unheilbaren Rückenmarks-Krankheit, die mir den Gebrauch der Hände und Füsse ausserordentlich erschwert, genöthigt gesehen habe, auf die mir bey meinem Rücktritt aus der Gesellschafts-Handlung G. C. Kessler & Cie, für mich und meine Erben vorbehaltenen Russischen Geschäfte ebenfalls zu Gunsten meiner Herren Nachfolger zu verzichten [...]. Ich danke Ihnen aufs Verbindlichste für das mir gütigst bewiesene Wohlwollen und Vertrauen und verharre der ausgezeichnetsten Hochachtung ganz der Ihrige G. C. Kessler".

Das letzte ihm noch verbliebene Lebensjahr war ein Jahr des Siechtums und der Agonie.

* * *

Am 16. Dezember 1842 – an genau dem Tag, an dem seine einstige Chefin, nachmalige Partnerin, langjährige Vertraute und zeitweilige Geliebte Barbe Nicole Clicquot auf Château Boursault ihren fünfundsechzigsten Geburtstag feiert[92] – stirbt er in Stuttgart. Er hinterlässt seine Witwe Auguste, die sechzehnjährige Tochter Anna Friederike und den fünfzehnjährigen Sohn Georg Karl August[93]. Er wurde nur fünfundfünfzig Jahre alt.

Als Textilfabrikant und dann als Sekthersteller war Georg Christian von Kessler zweifellos eine der profiliertesten Persönlichkeiten der Indus-

---

92 Sie überlebt ihn noch um vierundzwanzig Jahre, bis 1866.
93 Die Tochter Clara war bereits 1832, sechsjährig, an Hirnhautentzündung gestorben.

trialisierung Württembergs. Er gehörte einer neu entstandenen sozialen
Schicht der bürgerlichen Gesellschaft des 19. Jahrhunderts an, die ihr
Leben, befreit von den Zwängen der Stände- und Zunftordnung, aus eigenem Antrieb gestaltete und sich durch Tatendrang, Bildungshunger und
Erfindungsreichtum auszeichnete. Der Mut, mit dem der junge Kessler in
der Fremde sein Glück suchte, und die Fähigkeit, es dort auch mit Erfolg
zu machen, sind Grund genug, diesen Mann zu bewundern. Die Entschlossenheit aber, nicht aufzugeben, als tragische Umstände und geschäftliche
Widrigkeiten ihn zu einem Neuanfang in der alten Heimat zwingen, nö-
tigt heute noch Respekt ab.

Im *Nekrolog der Deutschen* aus dem Jahr 1844 lesen wir über Georg
Christian von Kessler: „Durch ein offenes, gerades Benehmen, durch ein
dienstfertiges freundliches Entgegenkommen, durch gefällige Formen,
durch Erhabenheit über kleinliche Interessen, durch rege Theilnahme für
alles Schöne und Gemeinnützige, durch Freigebigkeit und Gastfreund-
schaft, Grundsätze seines Charakters, die bei aller Verstimmung in den
letzten Lebensjahren nie sich verbargen, hatte er die Achtung und Zu-
neigung Aller, die mit ihm in Berührung kamen, erworben. Die Unterstützung seiner Geschwister, die alle vor ihm starben und von denen er
zweien noch während des letzten Jahres in das Grab nachsehen musste,
so wie ihrer Angehörigen wurde er nicht müde. Überhaupt Hilfsbedürf-
tigen wohl tun und seine Umgebungen an seinen Lebensgenüssen Theil
nehmen lassen zu können, hielt er für den Hauptgewinn seiner eigenen
Thätigkeit und dem glücklichen Endergebnisse seiner Unternehmungen
zu verdanken hatte. Leidenschaftlicher Freund der Tonkunst, fand er
einen hohen Genuß darin, wenn zuweilen die Liederkränze von Eßlingen
in seinem freundlich gelegenen Landsitze am Neckar sich einfanden und
unter dem Klange der Becher, die seine Gastlichkeit ihnen füllte, durch
ihre vierstimmigen Gesänge ihm den Abend verkürzten. Gesegnet wird
sein Andenken nicht nur bei Allen, denen er näher stand, sondern bei
allen Freunden des Vaterlandes, vorzugsweise aber bei den Einwohnern

der Stadt Esslingen sein, denen sein Wirken mannigfachen bleibenden Vorteil brachte."

Mit dem Tod des Georg Christian von Kessler gingen zwei erfüllte Leben zu Ende, die er in den fünfundfünfzig Jahren seines irdischen Daseins führte – eines in Frankreich und eines in Deutschland. Der Name Kessler jedoch lebt weiter, in Deutschlands erster und ältester Sektmarke.

Statt eines Nachworts

Wie ging es mit der „Champagner-Fabrik" Kessler nach dem Tod ihres Gründers weiter? Die kurze Geschichte des Georg Christian Kessler verwandelte sich in eine lange Geschichte der Familie Weiss, die das Schicksal dieses Familienbetriebs über mehr als anderthalb Jahrhunderte bestimmte. Statt dieses Buch nun jedoch um rund einhundertsiebzig Jahre in die Länge zu ziehen, seien hier nur ein paar wenige Daten angeführt, die das Damals und das Heute miteinander verbinden.

1835 | Carl Weiss-Chenaux wird („in Folge der wesentlichen Ausdehnung unseres Geschäfts") Teilhaber von G. C. Kessler & Co. Nach Georg Christian von Kesslers Tod 1842 leiten sechs Generationen der Familie Weiss das Unternehmen bis in die ersten Jahre des 21. Jahrhunderts.

1842 | Ein knappes Jahr vor seinem Tod im Dezember 1842 verkauft Kessler seine Anteile an der Firma für vierundfünfzigtausend Gulden an seine Mitgesellschafter Heinrich Georgii, Carl Weiss-Chenaux und den inzwischen ebenfalls eingetretenen Gustav Friedrich Stitz.

1845 | Carl Weiss gehört zu den Initiatoren des Baus eines Privatkrankenhauses insbesondere zur Versorgung der nach Esslingen pendelnden Arbeiter. Das 1861/62 erbaute Krankenhaus wird erst 1868 ins Eigentum der Stadt Esslingen übergehen .

1850 | Auf der Messe in Leipzig sowie auf den Wein- und Speisekarten guter Restaurants taucht zum ersten Mal die Marke *Kessler Cabinet* auf. Sie ist somit wohl die allererste und älteste Sektmarke Deutschlands.

1865 | König Karl I. und Königin Olga von Württemberg besuchen die Sektkellerei in Esslingen.

1865 | Das *Great Eastern Hotel* in Kalkutta, Indien, wird mit einer speziellen Cuvée *Kessler Grand Mousseux* beliefert.

1866 | Carl Weiss' Sohn August (geb. 1832), den der Vater zusammen mit dem Bruder Heinrich (geb. 1836) als Gesellschafter aufgenommen hatte, übernimmt die Leitung der Firma. August, noch in Genf geboren und Französisch als Muttersprache spricht, ist prädestiniert für die sich ständig ausweitenden Exportgeschäfte. Da Heinrich mit seinem Bruder nicht zusammenarbeiten will, übernimmt er eine ebenfalls der Familie Weiss gehörende Seidenzwirnerei in Langenargen.

1860 | Die 1840 geborene Tochter von Carl und Henriette Weiss, Julie Ernestine Henriette, heiratet den Esslinger Fabrikanten und Geheimen Kommerzienrat Oskar Merkel, Teilhaber der einst von Georg Christian Kessler gegründeten Firma Merkel & Kienlin (*Esslinger Wolle*).

1867 | Auf der Weltausstellung in Paris wird Kessler mit einer Silbermedaille in der Kategorie „Vins mousseux" ausgezeichnet. Der amtliche Messebericht bemerkt: „Es darf als sehr erfreuliches Zeichen deutscher Betriebsamkeit angesehen werden, dass die deutschen Schaumweine gerade in Paris volle Anerkennung gefunden haben."

1869 | Einige Kisten *Kessler Cabinet* sind mit an Bord des Forschungsschiffs *Germania*, das unter Kapitän Carl Koldewey 1869/70 die erste deutsche Polarexpedition unternimmt.

1876 | Die Firma feiert ihr fünfzigjähriges Jubiläum. Die Kessler-Sekte hatten bis dahin viele bedeutende Medaillen und Auszeichnungen erhalten, unter anderem 1873 in Wien, 1876 bei der Weltausstellung anlässlich der Hundertjahrfeier der Gründung der USA in Philadelphia, 1880/81 in Melbourne. Im Laufe der Jahre kommen noch viele weitere hinzu, so 1892/93 in Chicago, 1903 in Gent und Athen, 1910 in Berlin.

1881 | Unter König Karl I. von Württemberg wird G. C. Kessler & Co königlich württembergischer Hoflieferant.

1888 | Kessler fügt einen weiteren Titel hinzu: „Lieferant Ihrer Kaiserlichen Hoheit der Herzogin Wera von Württemberg, Großfürstin von Rußland".

1892 | Kessler ist Gründungsmitglied des Verbands Deutscher Sektkellereien.

1893 | König Wilhelm II. von Württemberg und Königin Charlotte besichtigen die Gewölbekeller in Esslingen.

1896 | Erste Bestellung des Stuttgarter Ingenieurs Gottlieb Daimler, der mit seinem Partner Wilhelm Maybach am ersten „Stahlradwagen" mit 2-Zylinder-V-Motor arbeitet, den er dann auf der Weltausstellung 1889 in Paris vorstellte. In den historischen Hauptbüchern findet man Berühmtheiten wie den Grafen Zeppelin sowie die Gründer zahlreicher, heute weltbekannter Unternehmen als Kunden.

1896 | Im selben Jahr wird Augusts Sohn Rudolf zum Prokuristen der Firma „Nachfolger von G. C. Kessler & Co., Offene Handelsgesellschaft zum Betrieb der Fabrikation des Esslinger Champagner" (so die amtliche Eintragung im *Schwäbischen Kurier* vom 8. Juli 1896) ernannt.

1899 | Carl Weiss-Chenaux stirbt im achtzigsten Lebensjahr.

1902 | Rudolf Weiss (geb. 1871), der nach Studien und Ausbildungsaufenthalten in Neuchâtel, London und Neapel im Jahr 1902 den Betrieb übernimmt, beherrscht vier Sprachen und ist durch und durch musischer Mensch. Sein Vater, der alte Kommerzienrat, besteht darauf, dass er ihm seinen Geschäftsanteil abkauft. Zwei Jahre später lassen sich die Erben von G. F. Stitz auszuzahlen (Heinrich Georgii war schon früher ausgeschieden). Somit hat die Firma im sechsundsechzigsten Jahr nach ihrer Gründung zum ersten Mal einen Alleinbesitzer.

1902 | Zur Finanzierung des Ausbaus des Kaiser-Wilhelm-Kanals wird die Sektsteuer eingeführt. Leicht übertrieben sagt man damals, die kaiserliche Marine „schwimme in Sekt".

1904 | Rudolf Weiss renoviert das Kessler-Haus und ist damit der erste Esslinger Bürger, der aus eigener Initiative und mit eigenem Geld Denkmalschutz betreibt.

1904 | Im selben Jahr übernimmt Kessler die Sektkellerei Rottweil von den Erben des Rottweiler Maschinenbau- und Pulverfabrikanten Max von Duttenhofer.

1904 | Kessler wird Hoflieferant von Wilhelm Ernst, dem Großherzog von Sachsen Weimar-Eisenach.

1904 | Der Karikaturist des *Simplizissimus*, Josef Benedict Engl, wird beauftragt, die Kessler-Piccolos zu zeichnen. Seitdem gelten die beiden emsigen Kellner als eine Art Markenzeichen des Hauses.

1904 | Das Unternehmen erhält als eine der ersten Firmen elektrisches Licht (erzeugt und geliefert von der Maschinenfabrik Esslingen) und einen Fernsprechanschluss mit der Rufnummer 13.

1919 | Der so genannte „Champagner-Paragraph" (§274) des Versailler Vertrags verbietet es den deutschen Schaumweinherstellern, ihre Erzeugnisse als „Champagner" zu bezeichnen.

1922 | August Weiss feiert seinen 90. Geburtstag. Er stirbt 1927.

1926 | Die Firma feiert das hundertjährige Bestehen. Rudolf Weiss stellt seine beiden Söhne, den frisch gebackenen Diplom-Volkswirt Günther und den jüngeren Erwin, in der Firma an. Erwin hatte nach der Lehre bei Kessler in Grenoble Sprachen studiert und anschliessend in einer Weinkellerei in Bordeaux gearbeitet. Günther setzt sein Studium fort und promoviert im Jahr 1931 in Tübingen mit der Arbeit „Die deutsche Sektindustrie" zum Doktor der Staatswissenschaften.

1927 | Das Landesgewerbemuseum Stuttgart richtet einen Kunstwettbewerb „für und um Sekt" aus, an dem viele namhafte Künstler aus ganz Deutschland mehr als vierhundert Entwürfe einreichen. Zusammen mit Gustav Pazaurek und Rudolf Weiss bilden Olaf Gulbransson, Max Körner, Hans Hildebrandt und Hugo Frank das Preisgericht.

1929 | *Kessler Hochgewächs* wird während der Weltfahrt des Luftschiffes *LZ 127 Graf Zeppelin* serviert. Auch auf dem legendären Passagierflugzeug *Dornier Do X* gibt es Kessler-Sekt.

1936 | Günther und Erwin Weiss werden vom Vater Rudolf als Teilhaber in die Firma aufgenommen.

1943 | Nachdem beide Söhne 1939 zur Wehrmacht einberufen wurden, übernimmt der fast siebzigjährige Rudolf Weiss wieder die Leitung der Firma. Dabei wird er von seiner Schwiegertochter Anneliese Weiss unterstützt. Am 31. Januar 1943 stirbt er.

1945 | Bei Kriegsende werden die Sektlager des Kessler-Hauses geplündert, wodurch die Weiterführung des Unternehmens gefährdet ist. Während der Besatzungszeit wird die gesamte Produktion zugunsten der amerikanischen Truppen beschlagnahmt. Erst im Jahr 1948 wird diese Maßnahme wieder aufgehoben.

1952 | Die Hollywood-Legende Errol Flynn kommt zu einer Sektprobe in den Gewölbekeller.

1953 | Besuch des Tenors Beniamino Gigli, der in der phantastischen Akustik der Kellergewölbe sein berühmtes *Ave Maria* anstimmt. Auch Magda Schneider besucht das Haus Kessler zusammen mit ihrer Tochter Romy Schneider.

1956 | Bundeskanzler Konrad Adenauer entscheidet sich nach einem Besuch in Esslingen für *Kessler Hochgewächs* als offiziellen Sekt der Bundesregierung für Staatsempfänge. „Ich kenne ziemlich alle Sektmarken, aber *Kessler Hochgewächs* ist für mich der Beste."

1956 | Heinz Schröder, der Dirigent des Rundfunkorchesters Stuttgart, komponiert den *Kessler-Marsch*, der, von Hanns Kilian gesungen, auf Schallplatte erscheint.

1961 | In einem sieben Jahre andauernden und durch alle Instanzen geführten Prozess stellt der Bundesgerichtshof in zwei Urteilen ein für alle mal fest, dass Kessler die älteste Sektkellerei Deutschlands sei und das Jahr 1826 als „Geburtsjahr" des deutschen Sekts zu gelten habe. Der Verbraucher dürfe nicht durch andere Daten irregeführt werden.

1963 | Beim Staatsempfang für US-Präsident John F. Kennedy mit Frau Jacqueline und Tochter Caroline am 24. Juni 1963 im Palais Schaumburg wird *Kessler Hochgewächs* serviert. Gastgeber sind Bundespräsident Heinrich Lübke und Bundeskanzler Konrad Adenauer.

1965 | Königin Elisabeth II. und Prinz Philipp stoßen mit Bundespräsident Heinrich Lübke und Bundeskanzler Ludwig Erhard beim großen Staatsdiner auf Schloss Augustusburg mit *Kessler Hochgewächs* an.

1968 | Bei seinem zweiten Staatsbesuch des französischen Staatspräsidenten Charles de Gaulle lässt Bundeskanzler Ludwig Erhard wiederum *Kessler Hochgewächs* servieren, den der General schon bei seinem ersten Staatsbesuch im Jahr 1961 genossen hatte.

1976 | Die Firma G. C. Kessler & Co feiert ihr einhundertundfünfzigjähriges Bestehen.

2004 | Mit Ulrich Weiss aus der fünften und Clemens Weiss aus der sechsten Generation endet die fast einhundertsiebzig Jahre andauernde Ära der Familie Weiss. Das Familienunternehmen gerät in eine tiefe Krise und muss Ende des Jahres Insolvenz anmelden. Die Produktion beträgt eineinhalb Millionen Flaschen.

2005 | Neustart des Unternehmens mit einem neuen Gesellschafterkreis als unabhängige Sektmanufaktur unter der Firmierung Kessler Sekt GmbH & Co KG. Geschäftsführender Gesellschafter ist der vierunddreißigjährige Esslinger Betriebswirt Christopher Baur.

2007 | In der neuen Sektbar *Kessler Karree 18* am Esslinger Rathausplatz präsentiert sich die Traditionsfirma Kessler als modernes und zeitgemäßes Unternehmen.

2007 | Im diesem Jahr, in dem sich Georg Christian Kesslers Eintritt in das Champagner-Haus der Veuve Clicquot-Ponsardin in Reims zum zweihundersten Mal jährt, werden bei der internationalen Blindverkostung des Magazins *Stern* alle fünf degustierten Kessler-Sekte gegen eine starke Konkurrenz – auch aus der Champagne – entweder mit Silber oder mit Bronze ausgezeichnet. *Kessler Jägergrün* schneidet sogar als bester aller Rieslingsekte ab.

1777–1866

Eine Zeittafel

Daten Georg Christian Kessler		Daten Veuve Clicquot-Ponsardin
	1777	**16.12.** Geburt Barbe-Nicole Ponsardins in Reims
30.03. Geburt Georg Christian Kesslers in Heilbronn	1787	
1789 Französische Revolution		
	1798	**10.07.** Hochzeit Barbe-Nicole Ponsardins und François Clicquots in Reims
	1798	**10.07.** Eintritt François Clicquots in das Bank- und Tuchhandels-geschäft seines Vaters Philippe
	1801	**21.10.** Eintritt des Handlungs-reisenden Ludwig („Louis") Bohne bei Clicquot-Muiron & Fils
01.07. Beginn der Lehre als Buchhalter und Büroschreiber in Neuwied	1801 14 Jahre*	
01.12. Eintritt als Kontorist in ein Leder- & Spezereigeschäft in Mainz (französisch seit 1792)	1804 17 Jahre	
02.12.1804 Kaiserproklamation Napoleons in Paris		
	1805	**23.10.** François Marie Clicquot † in Reims
	1806	**10.02.** Gründung Fa. Veuve Clicquot Fourneaux & Cie (VCF) mit Jérôme Alexandre Fourneaux
01.07. Eintritt als Kontorist bei VCF in Reims	1807 20 Jahre	

* Kesslers Lebensalter

DATEN GEORG CHRISTIAN KESSLER		DATEN VEUVE CLICQUOT-PONSARDIN
	1810	**31.05.** Auflösung der Fa. VCF, Ausscheiden von Jérôme Alexandre Fournaux
01.07. Prokurist bei VCP	1810 23 Jahre	**01.07.** Gründung der Fa. Veuve Clicquot-Ponsardin & Cie (VCP), Reims
	1810	**01.07.** Eintritt des Kellermeisters Philipp Anton ("Antoine") von Müller bei VCP
	1814	**04.06.** Einschiffung des Kutters *Zes Gebroeders* nach St. Petersburg
1814/15 Ende des ersten napoleonischen Kaiserreichs		
01.01. Teilhaber ("Associé et Co-Directeur") bei VCP	1815 28 Jahre	
	1816	Erfindung des Rüttelpults durch Antoine de Müller und Barbe-Nicole Clicquot bei VCP
	1817	**25.08.** Jean-Baptiste Ponsardin † (Barbe-Nicoles Bruder) in Reims
	1817	**13.09.** Hochzeit Marie-Clémentine Clicquots (Barbe-Nicoles Tochter) und Louis de Chevignés
11.05. Heirat mit Marguerite Clémence Jobert (geb. 1799) in Sedan	1819 32 Jahre	
	1819	**17.09.** Philippe Clicquot † (Barbe-Nicoles Schwiegervater) in Reims

DATEN GEORG CHRISTIAN KESSLER		DATEN VEUVE CLICQUOT-PONSARDIN
01.10 Kauf des Guts Neuhof bei Heilbronn im Auftrag von VCP, Verkäufer Dr. Heinrich Kessler	1820	
	1820	**25.10.** Ponce Jean Nicolas Ponsardin † (Barbe-Nicoles Vater) in Reims
	1821	**12.01.** Louis Bohne † in Straßburg
	1821	**31.07.** Hochzeit Antoine de Müllers und Elisabeth Ruinarts in Reims
	1821	**01.08.** Eintritt des Praktikanten Matthias Eduard Werler aus Wetzlar bei VCP
01.12. Nachfolge-Versprechen (für 1. Juli 1824)	1821 34 Jahre	
	1822	**31.12.** Austritt Antoine de Müllers, Gründung von De Müller Ruinart, Werler Kellermeister bei VCP
	1822	**01.06.** Gründung der Banque Veuve Clicquot-Ponsardin & Cie in Reims, Kessler Geschäftsleiter
01.07. Rücknahme des Nachfolge-Versprechens	1822	
	1822	**31.12.** Gründung der Spar- und Versorgungskasse Reims, Kessler Gründungsgesellschafter

Daten Georg Christian Kessler		Daten Veuve Clicquot-Ponsardin
26.02. Marguerite Kessler-Jobert † in Reims [16.02. Totgeborene Tochter]	1825 38 Jahre	
	1825	**10.04.** Übernahme der Tuchfabrik in Esslingen am Neckar im Auftrag der Banque Clicquot
1825/26 Rückkehr Georg Christian Kesslers nach Esslingen		
23.01. Heirat mit Auguste von Vellnagel (geb. 1806) in Stuttgart	1826 39 Jahre	
	1826	**24.05.** Auseinandersetzungs- vertrag B. N. Clicquot/G. C. Kessler
01.07.1826 Gründung der Sektkellerei G. C. Kessler & Co in Esslingen am Neckar		
	1831	**01.04.** Eduard Werler (nunmehr „Mathieu Édouard Werlé" Teil- haber mit 50 Prozent
01.07. Aufnahme des späteren Nachfolgers Carl Weiss-Chenaux als Teilhaber	1835 48 Jahre	
	1841	**01.08.** Übernahme aller Anteile von VCP durch Édouard Werlé
30.10. Erhebung in den Adels- stand durch König Wilhelm I. von Württemberg	1841	
16.12. Georg Christian von Kessler † in Stuttgart	1842 55 Jahre	**16.12.** Barbe-Nicole Clicquot- Ponsardins 65. Geburtstag
	1866	**29.07.** Barbe-Nicole Clicquot- Ponsardin † in Boursault/Marne im 89. Lebensjahr

Heilbronn, Reims, Sedan, Esslingen

Das Netzwerk der Familien

<u>HEILBRONN/ESSLINGEN.</u>

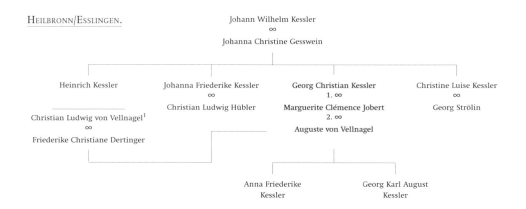

<u>REIMS/SEDAN.</u>

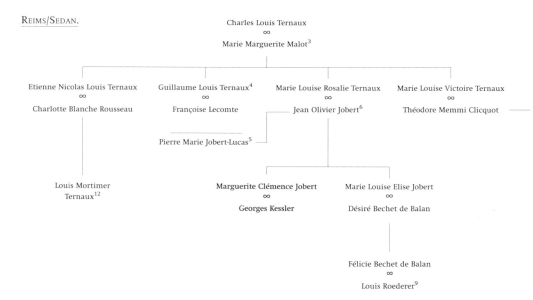

1 *Freiherr, Minister-Staatssekretär (von 1812 bis 1843), Geheimer Rat, Hofkammer-Präsident, Präsident des Ober-Hofrats, Kabinettschef König Wilhelms I. von Württemberg.*

2 *Gründer des ersten und ältesten Champagner-Hauses der Welt (gegr. 1729, existiert heute noch, gehört zum LVMH-Konzern).*

3 *Marguerites Groß-mutter, Großnichte von Nicolas Ruinart und über ihre Urgroßmutter mit „Champagner-Charlie" Charles Camille Heidsieck verwandt.*

4 *Baron, Onkel mütter-licherseits, Textilfabri-kant, Industriepionier, Deputierter der National-versammlung.*

5 *Onkel väterlicherseits, Textilfabrikant, Bürger-meister von Reims, Depu-tierter in der National-versammlung, Gründer der ersten mechanischen Manufaktur Frankreichs. Bruder von Jean Olivier Jobert.*

6 *Vater von Marguerite Jobert, Tuchhändler in Reims, mehrmals Bürger-meister von Sedan.*

7 *Baron d'Empire, Vater Barbe-Nicole Clicquots, Tuchhändler, Textil-fabrikant, Bürgermeister von Reims, Deputierter der Konstituante.*

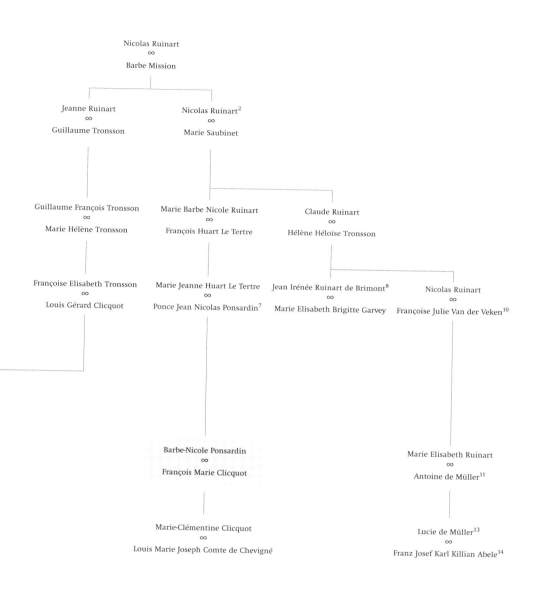

8 *Vicomte, Weinhändler, Bürgermeister von Reims, Deputierter der Nationalversammlung.*

9 *Besitzer des gleichnamigen Champagner-Hauses (heute noch in Familienbesitz).*

10 *Tochter des Gründers des Champagner-Hauses Van der Veken (von Henri Abelé übernommen, im Besitz des Freixenet-Konzerns, Spanien).*

11 *Ehemaliger Kellermeister bei Veuve Clicquot-Ponsardin & Cie, Erfinder des Remuage-Verfahrens und des Rüttelpults, Gründer von De Müller Ruinart.*

12 *Cousin von Margue-rite, eminenter Histori-ker und Deputierter der Nationalversammlung.*

13 *Tochter von Antoine de Müller und Mutter von Henri Abelé, Gründer des gleichnamigen Champagner-Hauses und Erfinder des „kalten" Degorgier-Verfahrens.*

14 *Sohn des württembergischen Obertribunalrats Carl Joseph von Abele und Adelheid von Müllers, der Schwester von Antoine de Müller.*

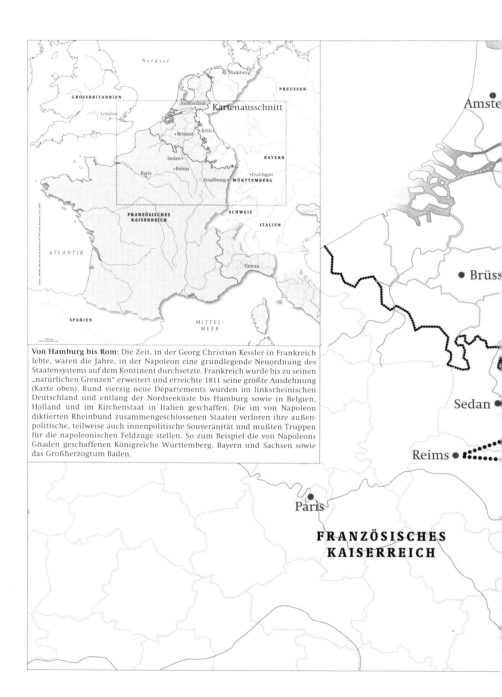

Von Hamburg bis Rom: Die Zeit, in der Georg Christian Kessler in Frankreich lebte, waren die Jahre, in der Napoleon eine grundlegende Neuordnung des Staatensystems auf dem Kontinent durchsetzte. Frankreich wurde bis zu seinen „natürlichen Grenzen" erweitert und erreichte 1811 seine größte Ausdehnung (Karte oben). Rund vierzig neue Départements wurden im linksrheinischen Deutschland und entlang der Nordseeküste bis Hamburg sowie in Belgien, Holland und im Kirchenstaat in Italien geschaffen. Die im von Napoleon diktierten Rheinbund zusammengeschlossenen Staaten verloren ihre außenpolitische, teilweise auch innenpolitische Souveränität und mußten Truppen für die napoleonischen Feldzüge stellen. So zum Beispiel die von Napoleons Gnaden geschaffenen Königreiche Württemberg, Bayern und Sachsen sowie das Großherzogtum Baden.

Osnabrück

WESTPHALEN

Münster

BERG

SACHSEN

Köln

Aachen

NASSAU

HESSEN

Neuwied

FRANKFURT

Koblenz

Frankfurt am Main

Mainz

mburg

BAYERN

Kaiserslautern

Saarbrücken

Heilbronn

Karlsruhe

Esslingen am Neckar

Straßburg

WÜRTTEMBERG

München

BADEN

Basel

SCHWEIZ

KARTEN AUS BERNARD GAINOT, JEAN-LUC CHAPPEY, ATLAS DE L'EMPIRE NAPOLÉONIEN 1799-1815, ÉDITIONS AUTREMENT, PARIS, © 2008

Ein Zeitdokument

Etwas mehr als acht Jahre nach der Gründung der ersten Sektkellerei Deutschlands wird im *Wochenblatt für Land- und Hauswirthschaft, Gewerbe und Handel*[1] ein ausführlicher Artikel über das Kessler'sche Unternehmen aus dem *Correspondenzblatt* zitiert, der wegen seiner Zeitnähe interessant ist und im Folgenden in vollem Wortlaut wiedergegeben wird. Das *Wochenblatt* wurde von der Centralstelle des Landwirtschaftlichen Vereins in Stuttgart in Verbindung mit der Gesellschaft für Beförderung der Gewerbe in Württemberg, der Wein-Verbesserungs-Gesellschaft und des Pomologischen Vereins herausgegeben.

„Ueber Bereitung moussirender Weine in Würtemberg."

Das neueste Heft des „Correspondenzblatts" enthält eine sehr interessante Darstellung des gegenwärtigen Zustands der Gewerbsindustrie in Eßlingen, aus welcher wir hier Einiges über das dortige großartige Etablissement der Hrn. Keßler und Georgii für Bereitung moussirender Weine aus inländischem Gewächs mittheilen und zugleich einige nähere Notizen beifügen wollen.

Herr G. C. Keßler befand sich vom Jahr 1807 an in einer der ersten Weinhandlungen in der Champagne, wo er sich die genaueste Kenntniß über das Verfahren bei der Bereitung der moussirenden Weine zu verschaffen Gelegenheit hatte. Gleich nach seiner Rückkehr in's Vaterland im Jahr 1826 stellte er in Gesellschaft mit Hrn. H. Georgii in Eßlingen einen Versuch an, den würtembergischen Wein vom Augenblick der Kelterung an ganz nach Art der moussirenden Weine der Champagne zu behandeln; und da dieser erste mit 4000 Flaschen gemachte Versuch, in Beziehung auf die Geneigtheit des Weines zu moussiren, vollkommen gelang, so entschloß sich derselbe, seine ganze Thätigkeit und seine Geldmittel hauptsächlich für die Emporbringung dieses Industriezweigs in Würtemberg zu verwenden.

Schon von dem Wein des Herbstes 1827 wurden 30000 Flaschen gefüllt; die Ziehung des Jahres 1828 betrug sodann 54000 Flaschen, die vom Jahr 1820 (im Jahr 1829 war der Most zu gering) etliche 30000, vom Jahr 1831 72000, vom Jahr 1832

---

1   Nr. 39 vom 11. November 1834, erschienen bei Cotta, Stuttgart..

44000, und endlich die diesjährige vom Wein des vorigen Jahrs 57000 Flaschen. Die sämmtlichen Gebäude und Keller des Etablissements sind so geräumig, um darin ein Quantum von 130 bis 150000 Flaschen aufzubewahren und dem Weine die nöthige Behandlung zu geben. — Uebrigens zog man es vor, keine Arbeiter aus Frankreich kommen zu lassen, sondern einheimischen Arbeitern die nöthige Geschicklichkeit zu verschaffen, wie dies auch bei der nöthigen Zahl von etlichen 20 Personen vollkommen gelungen ist.

Ueber die Vortrefflichkeit des Eßlinger Champagners ist derzeit im In- und Ausland nur Eine Stimme, und es ist keinem Zweifel unterworfen, daß derselbe, besonders von guten Jahren, wie z. B. vom Jahr 1832, den besten französischen Weinen ganz gleich kommt, die meisten der dort herkommenden aber an Lieblichkeit weit übertrifft. Dessenungeachtet ist der Preis der Flasche in Partien nur 1 fl. 24 kr., also im Vergleich mit dem Preise der französischen Schaumweine gering. Diese vorzügliche Güte seines Produkts und diesen Ruf verdankt Hr. Keßler dem Umstand, daß er sich bei seiner Behandlungsweise streng an das Verfahren hält, das die besseren Häuser in der Champagne beobachten.

Dieses Verfahren erfordert vor Allem die genaueste Auswahl der dazu zu verwendenden Trauben. Als vorzüglich zu Bereitung des moussirenden Weins geeignet haben sich bis jetzt gezeigt: der Clevner als Haupttraube, der Rießling, jedoch nur in mäßiger Beimischung, der Traminer, der Elbling und der Gutedel, letzterer jedoch auch nur in geringer Beimischung. Dagegen zeigen sich als durchaus untauglich der Sylvaner, da er einen gehaltlosen, zum Zähewerden geneigten Wein liefert, der nur im ersten Jahre angenehm und lieblich ist; eben so wenig ist der rauhe Drollinger zum Schaumwein brauchbar. Dieselbe Auswahl wie bei den Traubensorten muß dann auch bei den einzelnen Trauben stattfinden, indem alle weniger reifen oder etwas fauligten Trauben entfernt werden müssen. Man bringt die Trauben gleich nach der Lese auf die Kelter, ohne sie vorher zu treten, indem letzteres bei den rothen Trauben die Folge haben würde, daß sich der in ihren Hülsen befindliche Färbestoff dem Moste mittheilte, was vermieden werden muß. Aus demselben Grund und wegen seiner Herbe wird auch der zuletzt von der Kelter ablaufende Most nicht zum moussirenden Wein verwendet.

Der Most macht nun seine stürmische Gährung im Fasse auf die gewöhnliche Weise durch, und es ist eine ganz irrige Ansicht, was Manche behaupten, daß durch eine gewaltsame Unterdrückung dieser Gährung ein guter moussirender Wein dargestellt werden könne. Im Gegentheil sorgt man für die ungestörteste Entwicklung seiner Gährung dadurch, daß man ihn während dieser Zeit, statt in Keller, in geschlossene Räume zu ebener Erde („Celliers") bringt, indem sich dieses Verfahren in Frankreich auch für andere Weine als vorzüglicher bewährt hat. Bei größerer Kälte werden diese Räume geheizt, und zwar, um die Setzung von Oefen zu ersparen, mit Kohlen. Die weitere Behandlung des Weins im ersten Winter besteht in einem mehrmaligen Ablassen und Schönen desselben, da es besonders darauf ankommt, daß dieser Wein schon im ersten Winter von allen Unreinigkeiten, die sich sonst erst später abzusetzen pflegen, befreit wird.

Im Laufe des Winters, gewöhnlich im Monat Februar, nimmt man dann die Mischung der Weine von verschiedenen Traubensorten, die man abgesondert gekeltert und bis dahin auch abgesondert behandelt hat, vor. Bei dieser Mischung hat man einen doppelten Zweck, einmal den, den Geschmack und die sonstigen Eigenschaften hervorzubringen, welche zu einem champagnerähnlichen Getränke erforderlich sind, und zweitens den, zur Erzeugung der „Mousse" anzureizen. Dieses Mischen scheint ein wesentliches Hülfsmittel für die Mousse zu seyn, indem das Zusammenbringen verschiedenartiger Getränke, die sich in eine gleichartige Masse zu vereinigen streben, eine neue kleine Gährung erregt, die zur Erzeugung der Mousse nothwendig ist.

Das Füllen auf Flaschen beginnt man im April oder Mai, indem die Erfahrung lehrt, daß ein in dieser Jahreszeit gefüllter Wein moussirend wird, was wahrscheinlich mit der stillen Gährung, die jeder Wein nach der stürmischen noch durchzumachen hat, im Zusammenhang sieht. Bei dieser ersten Füllung wird noch kein Zucker beigegeben; die Mousse zeigt sich ganz ohne ihn. Mit ihrer Erzeugung entsteht an der Wand der liegenden Flasche ein satzartiger Niederschlag, der durch's Degorgiren herausgeräumt wird. Es ist dieses eine viele Geschicklichkeit erfordernde Arbeit, indem zuerst durch allmähliges Umdrehen und Schütteln der Bouteille der Satz von der Wand losgelöst und bis an den Pfropf herabgebracht wird, was 2 bis 3 Wochen Zeit erfordern kann. Die Flaschen werden während dieser Zeit in durchlöcherten Tafeln mit dem Pfropf niederwärts eingesteckt. Nunmehr öffnet man die Flasche, worauf zunächst der Satz und mit ihm einiger Wein herausgetrieben wird; eine schnelle Wendung und Zuhalten der Oeffnung verhindert ein weiteres Entleeren. Die dadurch entstandene Leere muß mit Wein wieder aufgefüllt werden, und bei dieser Gelegenheit wird dann etwas in Wein aufgelöster Zucker beigefügt, welcher dazu dienen soll, dem Weine seine Herbe zu benehmen und die Mousse fortwährend zu erhalten. Man vollbringt dieses „Degorgiren" gewöhnlich $\frac{1}{2}$ Jahr, ehe man den Wein zum Trinken abgeben will; sollte ein neuer Satz entstehen, so muß dasselbe wiederholt werden.

*Die Flaschen werden gleich nach der Füllung in Haufen, mit bloßer Unterstüt-
zung einiger hölzerner Stäbe, dergestalt künstlich aufeinander gelagert, daß sie
nicht nur sehr fest halten, sondern daß sogar, wenn auch eine größere Partie zer-
springt, die übrigen keinen Schaden dadurch leiden. Dieses Springen der Flaschen
in den Sommermonaten verursacht dem Unternehmer den größten Verlust, ist aber
in den verschiedenen Jahrgängen sehr verschieden. So zeigte sich der im Herbst
1832 gelesene Wein in Eßlingen in dieser Hinsicht vortrefflich; man hatte nur 7 pCt.
Verlust, während der Bruch damals in der Champagne 40 bis 60 pCt. betrug. Man
kennt übrigens bis jetzt kein Mittel, dieses Zerspringen ganz zu verhindern; in der
Champagne wird der Verlust im Durchschnitt zu 15 bis 20 pCt. berechnet.*

*Wer weitere Belehrung über diesen Geschäftszweig sucht, findet sie am bes-
ten in der „Oenologie française" von Cavoleau, in dem „Manuel du Sommelier"
von Jullien und in dem „Traité de la vigne et de la vinification" von Lenoir. Vor
einer jüngst erschienenen Schrift über diesen Gegenstand von Vogelsang wird in
dem „Badischen Wochenblatt" gewarnt. Jedem aber, der daran denkt, ein Geschäft
der Art neu zu gründen, wollen wir wohlmeinend rathen, den obengenannten Auf-
satz im „Correspondenzblatt" vorher wohl zu beherzigen, woraus er die Ueberzeu-
gung gewinnen wird, daß, soll das Geschäft gewinnreich seyn, man die genaueste
Kenntniß von der Manipulation und zugleich große Geldmittel nöthig hat, und
daß selbst unter diesen günstigen Verhältnissen man doch nicht immer vor Verlusten geschützt ist.*

*Daß man zu einem solchen Unternehmen viel Geld bedarf, rührt einestheils
schon von dem hohen Ankaufspreis der Trauben bei uns her; so bezahlte das Eßlinger Etablissement in den letzten 4 Jahren den Eimer Weinmost im Durchschnitt zu
100 fl., was weit mehr ist, als in der Champagne die besten Weine im Ankauf kos-
ten. Sodann bedarf man bei diesem Geschäft sehr ausgedehnter Räume, nämlich
außer den eigentlichen Kellern und den schon genannten Celliers auch luftige Böden, indem es besonders darauf ankommt, den Wein in seinen verschiedenen Ent-
wicklungsperioden immer in die Temperatur zu versetzen, die er gerade nöthig hat.
So darf er zur Zeit, wo die Mousse entstehen soll, nicht kalt liegen, zur Zeit aber, wo
das Brechen droht, wäre Wärme höchst schädlich. Man hilft sich da durch Hin- und
Herschaffen des Weins von einem Lokal in das andere, zu welchem Zwecke man Keller von verschiedenen Temperaturen haben muß, und wozu auch Verbindungslöcher
in den Böden und Decken der Gebäude angebracht sind. Endlich erklärt sich die
Größe der zu einem solchen Geschäft erforderlichen Geldmittel, wenn man erwägt,
daß die moussirenden Weine eine Behandlung von ¹/₂ bis 2 Jahren erfordern, bis sie*

versandt werden können, und somit das darin steckende Betriebskapital (bei Hrn. Keßler und Georgii 150 bis 160000 fl.) sich kaum in drei Jahren umsetzen läßt.

Was die zu einem solchen Unternehmen erforderlichen Kenntnisse betrifft, so ist zwar für sich einleuchtend, daß ohne solche praktische Geschäftskenntniß, wie überall, so auch hier nichts gelingen kann. Es kommt aber hiebei noch der eigene Umstand in Betracht, daß hier nur eine langjährige Erfahrung genügen kann, indem die Behandlung sich ganz nach der jedesmaligen Temperatur des Jahres und nach der Natur des Weins, der von jeder Gegend und in jedem Jahre Eigenthümlichkeiten zeigt, richten muß, um die Mousse in ihrer richtigen Stärke hervorzubringen.

Daß endlich auch langjährige Erfahrung bei diesem Geschäfte nicht immer vor großen Verlusten sichert, beweist das so vortrefflich geführte Eßlinger Etablissement hinreichend, wo aller angewandten Mittel ungeachtet der erste Bruch im Sommer 1832 nicht weniger als 36 pCt. betrug!

Quellen

Das im folgenden aufgeführte Quellenmaterial stellt nur eine Auswahl der konsultierten und zitierten Literatur dar.

Jacques Bainville, *Napoléon*. Arthème Fayard & Cie, Paris 1931 (elektronische Ausgabe 2006, digitalisiert von Réjeanne Toussaint, Quebec).

Aïda Benhadid & Céline Tobler, *Les Allemands dans le champagne 1789-1848*. Aix-Marseille 2008.

Jacques-Olivier Boudon, *Les habits neufs de Napoléon*. Bourin Éditeur, Paris 2009.

Elvire de Brissac, *Voyage imaginaire autour de Barbe Nicole Ponsardin, Veuve Clicquot*. Grasset, Paris 2009.

Princesse Jean de Caraman Chimay, *Madame Veuve Clicquot Ponsardin: Sa Vie, Son Temps*. Debar, Reims/Paris 1956.

Jean-Luc Chappey, Bernard Gainot, *Atlas de l'empire napoléonien 1799-1815*. Éditions autrement, Paris 2008.

Jean-Antoine Chaptal, *L'Art de faire, de gouverner et de perfectionner les vins*, 1er vol. Marchant, Paris 1801.

Frédérique Crestin-Billet, *La Veuve Clicquot: La grande dame de la Champagne*. Glénat, Paris 1992.

Charles Dupin, *Forces productives et commerciales de la France* (II). Bachelier, Paris 1827.

Michel Etienne, *Veuve Clicquot Ponsardin, aux origines d'un grand vin de Champagne*. Economica, Paris 1994.

Victor Fiévet, *Madame Veuve Clicquot (née Ponsardin), son histoire et celle de sa famille*. Dentu, Paris/Épernay 1865.

Jean Godinot, *Manière de faire et cultiver le vin en Champagne*. Bonal, Langres 1722.

Kolleen M. Guy, *When champagne became French: wine and the making of a national identity*. JHU Press, Baltimore 2002.

Marcel & Patrick Heidsieck, *Vie de Charles Heidsieck*. Matot-Braine, Reims 1962.

Joseph Henriot, *Champagne Charlie*. Albin Michel, Paris 1982

Gert Kollmer-von Oheimb-Loup: *Gustav Schwab und der Esslinger Sektfabrikant Georg Christian Kessler*. In *Kurzer Aufenthalt*. Wallstein, Göttingen 2007.

Henri & Rémy Krug, *L'Art du Champagne*. Laffont, Paris 1979.

Georges Lallemand, *Le Baron Ponsardin*. Chambre de commerce de Reims, Société des amis du vieux Reims, Reims 1967.

Tilar J. Mazzeo, *The Widow Clicquot – The Story of a Champagne Empire and the Woman who ruled it*. Collins, New York 2008.

Johann Georg Meusel et al., *Das gelehrte Teutschland, oder: Lexikon der jetzt lebenden Teutschen*. Meyersche Hof-Buchhandlung, Lemgo 1821.

Gert von Paczensky, *Champagner*. Hädecke, Weil der Stadt 1988.

Klaus Rädle, *Champagner*. ProBusiness, 2009.

Friedrich Sieburg, *Napoleon – Die hundert Tage*. DVA, Stuttgart 1956.

Robert Tomes, *The Champagne Country*. Hurd Houghton, New York 1867.

Jean Tulard, *Napoléon ou le mythe du sauveur*. Fayard, Paris 1977.

Jean Tulard, *Les Révolutions* (Tome 4). Fayard, Paris 1985.

Henry Vizetelly, *Facts About Champagne and Other Sparkling Wines Collected During Numerous Visits to the Champagne and Other Viticultural Districts of France, and the Principal Remaining Wine-Producing Countries of Europe*. Ward, Lock & Co, London 1879.

Bertrand de Vogüe, *Madame Clicquot à la conquête pacifique de la Russie*. Imprimerie du Nord-Est, Reims 1947.

Günther Weiss, *Vom Esslinger Champagner zum Kessler Hochgewächs*. Bechtle, Esslingen 1985.

Ulrich Wickert, *Und Gott schuf Paris*. Hoffmann & Campe, Hamburg 1993.

Neuer Nekrolog der Deutschen, xx. Jahrgang, zweiter Teil. Weimar 1844.

Königlich-württembergisches Hof- und Staatshandbuch. Steinkopf, Stuttgart 1812ff.

www.maisons-champagne.com, Website der *Union des Maisons de Champagne* (UMC), Reims, in dem die bedeutendsten Champagner-Häuser zusammengeschlossen sind.

www.kessler-sekt.de, Website der ersten Sektkellerei Deutschlands.

Google und *Wikipedia*. Ohne ihren unerschöpflichen Vorrat an Quellenverweisen hätten sehr viele Zeilen dieses Buches nicht geschrieben werden können.

Die Absicht des Autors war, dieses Buch nach einer gründlichen Durchforstung der reichhaltigen Archive der beiden Häuser Kessler und Veuve Clicquot Ponsardin zu schreiben. Besonders interessant schien uns zu sein, Dokumente aus der gemeinsamen Geschichte der beiden Traditionshäuser gegenüber zu stellen und Daten und Geschehen abzugleichen. Aus diesem Plan wurde jedoch leider nichts. Aus zwei Gründen:

Der eine Grund liegt in Esslingen. Das Haus Kessler hat uns zwar ohne weiteres und dankenswerterweise die Möglichkeit eingeräumt, das Firmenarchiv zu konsultieren. Dies wurde jedoch dadurch kompliziert, dass das komplette Kessler-Archiv kurz zuvor dem Wirtschaftsarchiv der Universität Hohenheim zur fachmännischen Konservierung und wissenschaftlichen Auswertung übergeben worden war. Derzeit werden dort große Teile noch zwischengelagert. Es wird noch Jahre dauern, bis die Archivalien katalogisiert sind, und bis dahin ist eine stringente Konsultation weder sinnvoll noch möglich.

Der andere Grund liegt in Reims. Die Archivarin des Veuve-Clicquot-Archivs verkündete uns freundlich und begeistert, dass es zahlreiche Dokumente über unseren Protagonisten gäbe; sie schlug vor, eine Liste vorzubereiten, aus der wir diejenigen Dokumente auswählen könnten, die sie uns bei unserem geplanten Besuch in Reims vorlegen wolle. Nachdem wir dann ein paar Wochen lang nichts mehr gehört hatten, wurden wir bei einem erneuten Anruf an ihre Vorgesetzte, die Haushistorikerin der LVMH-Gruppe, verwiesen. Die Dame sagte, das Kessler betreffende Material sei noch nicht ausgewertet. Da, wie sie (zu Recht) sagte, „Geschichte unser wichtigster Vermögenswert" sei und deshalb alles Geschichtliche „unter strenger Kontrolle" gehalten werden müsse, könne sie uns derzeit leider eine Einsicht in das Archiv nicht gewähren. Außerdem existiere in der Firma Kessler in Deutschland ein Wettbewerber, weshalb besondere Vorsicht angebracht sei. Ein wenig verständliches Argument, denn die Epoche, um die es geht, ist schon so alte Geschichte, dass heute wohl kaum noch Schaden zu befürchten ist. Man kann nur vermuten, dass die Ablehnung unseres Wunsches offenbar in Georg Christian Kessler selbst begründet liegt, dessen wahre Bedeutung für das Reimser Unternehmen man anscheinend ungern dokumentiert sehen möchte.

Trotz mehrfacher Anläufe ist es uns am Ende nicht gelungen, Zugang zum firmeneigenen *Maison du Patrimoine Historique* zu bekommen, von dem es auf der Veuve-Clicquot-Website heißt, es sei nicht nur dazu da, „das historische Erbe zu konservieren, sondern auch es zu teilen." Dieses Haus sei „offen für alle", man werde „jede interessierte Person empfangen und sie bei ihren Recherchen begleiten".

Da das Kessler-Archiv nur unsystematisch und das Veuve-Clicquot-Archiv überhaupt nicht eingesehen werden konnte, musste das Buch im Wesentlichen auf der Grundlage von Sekundärmaterial geschrieben werden. Sollten wir jedoch in Zukunft Kenntnis von Dokumenten erhalten, die eine Revision der einen oder anderen Textstelle notwendig machen, wird das in einer künftigen Auflage selbstverständlich und gerne getan.

* * *

Mes remerciements les plus chaleureux vont à Monsieur Jean-Yves Sureau de Reims, fondateur et ancien président du *Cercle Généalogique de la Marne*, qui, sans le savoir, m'a fourni le maillon manquant.

Besonderer Dank für das Entgegenkommen bei den Recherchen gilt dem Geschäftsführenden Gesellschafter der Sektkellerei Kessler, Christopher Baur, sowie Eberhard Kaiser, dem Leiter der Unternehmenskommunikation. Der promovierte und passionierte Historiker hat mich nicht nur laufend mit Informationen versorgt, seine ausgezeichneten Schriften zur Person und zur Firma Kessler – besonders in der *Wikipedia* – waren für mich eine üppige Quelle von Information und Inspiration.

Gabi Kehl, Sophie Lalbat und vor allem meinem alten Freund und *Compagnon de route* Bernd Kreutz bin ich für geduldige Begleitung, wohlwollende Kritik, gelegentliche Aufmunterung sowie wertvollste Hinweise verpflichtet. Meiner Lektorin Sara Jakob danke ich dafür, dass sie die Mühe, die ihr die erste Fassung dieses Manuskripts abverlangt hat, nicht gescheut hat.

R. N.

Namensregister

Über den Autor:

Rulf Neigenfind (Jahrgang 1946) war viele Jahre als Kommunikationsberater für in- und ausländische Unternehmen tätig. Vor zweiundzwanzig Jahren wanderte er nach Frankreich aus und lebt in Paris mit seiner aus Bordeaux stammenden Ehefrau Sophie sowie zwei biologisch-dynamischen Katzen. Heute ist er hauptsächlich damit beschäftigt, die Dinge nachzuholen, zu denen er gestern nicht gekommen war.

www.lanebooks.info
www.kessler-buch.info

Abbildungen:

Buchumschlag: Reproduktion nach Jean-Baptiste-Louis Germain, Reims (1825).
Seite 6: Wie Buchumschlag.
Seite 37: Rekonstruktion nach Léon Cogniet, Paris (1862).
Seite 71: Wie Buchumschlag.
Seite 113: Reproduktion nach Ludovika Simanowitz [?], Ludwigsburg (ca. 1820).
Rücktitel: Archiv Kessler-Sekt GmbH & Co KG, Esslingen am Neckar.